Inhalt

Sigrid Metz-Göckel

Mann bleibt Mann?

Empirische Daten über das aktuelle Selbstverständnis der Männer

Mann bleibt Mann? *Die globalen Veränderungen im Geschlechterverhältnis*

Was ist ein Mann? Ein Mensch mit den für den Zeugungsvorgang praktischen Sexualorganen, könnte es lapidar heißen. Ist jedoch man gleich Mann und jeder Mann gleich Mann? War Mann schon immer Mann? Erkennen wir Männer daran, daß sie keine Frauen sind? Die Fragen sind gar nicht so einfach zu beantworten.

Wie die literarischen Geschlechtsumwandlungen von Christa Wolf und anderen DDR-Autorinnen[1] sowie „Orlando" von Virginia Woolf[2], aber selbstverständlich noch mehr die realen Geschlechtsumwandlungen von Transsexuellen, die Hermaphroditen und die Homosexuellen beiderlei Geschlechts zeigen, ist eine lebenslange und eindeutige sexuelle Bestimmung durchaus schwierig auszumachen. Der sexuelle Dimorphismus bzw. die Geschlechterpolarität ist bereits eine Abstraktion und gewaltsame Vereinfachung. Es gibt in Wirklichkeit viele Geschlechter.[3] Ich lasse das jetzt aber so stehen.

Ist Mann gleich Vater? Wenn Männer über ihre Zeugungs- bzw. Sexualorgane definiert würden, dann wären Männer ohne Kinder keine „vollwertigen" Männer und solche, die nicht Vater werden können oder wollen, schon gar nicht. Offensichtlich können Männer individuell und als Kollektiv bestimmen, wieweit man als Mann über Vaterschaft definiert wird und welche gesellschaftlichen und persönlichen Auswirkungen Vaterschaft hat.

Sehr verkürzt in der Argumentation möchte ich hier darauf hinweisen, daß die Entwicklung der gesellschaftlichen Organisation der Arbeit und der Strukturwandel der Familie in den letzten Jahrzehnten zu einer Abwertung der gesellschaftlichen Autorität des Vaters, aber

[1] *Sarah Kirsch/Irmtraud Morgner/Christa Wolf,* Geschlechtertausch, Neuwied – Darmstadt 1980.

[2] *Virginia Woolf,* Orlando, Frankfurt 1979.

[3] *Ernest Bornemann,* Das Patriarchat, in: Ignaz Kerscher (Hrsg.), Konfliktfeld Sexualität, Neuwied – Darmstadt 1980.

auch zu seinem binnenfamilialen Machtverlust geführt haben.[4] *Vaterschaft bestimmt heute kaum (noch) das Selbstverständnis der Männer.* Sexualität, Vaterschaft und Väterlichkeit (als psychisch gewendete Form der Vaterschaft) sind voneinander abgespalten, anders als bei den Frauen, wo nach wie vor eine stärkere Verbindung von Sexualität, Mutterschaft und Mütterlichkeit zumindest unterstellt wird.

Die angekündigte Frage reizt zu weiteren Gedankenspielen: Waren Männer schon immer Väter? Offensichtlich nicht. In der Phase der Menschheitsgeschichte, da der Zusammenhang von Geschlechtsverkehr, Zeugung, Vaterschaft und Geburt nicht klar war, gab es zwar biologische Männer und soziale Väter, aber keine biologische Vaterschaft. Vielleicht fiel darum der Umschlag vom Matriarchat ins Patriarchat so radikal aus, so gründlich, daß wir selbst in einem geschichtlich überholten Zustand dieses gesellschaftlichen Geschlechterverhältnisses nach wie vor auf beiden Seiten innig mit der patriarchalen Geschlechterordnung verbunden geblieben sind.

Für die Moderne ist weiterhin von einer kulturellen Evolution der Arbeit die Rede, die Menschen aus vielen Bindungen und auch Verpflichtungen freigesetzt und eine Vielfalt von Lebensstilen und Gestaltungsmöglichkeiten, aber auch Gefährdungen eröffnet hat.[5] In den Sozialwissenschaften wird dieser Prozeß als Individualisierung bezeichnet. Männer haben ihn früher als Frauen vollzogen, die in den westlichen Industriegesellschaften jetzt mit zeitlicher Verzögerung die (bürgerlichen) Menschenrechte und einen breiteren Gestaltungsraum für ihr individuelles Leben materiell einfordern.

Betont sei an dieser Stelle, daß dieser nun beide Geschlechter umfassende, wenn auch jeweils mit unterschiedlichen Akzenten versehene Prozeß der Individualisierung die Tendenz zur mobilen Single-Gesellschaft in sich hat.[6] Die Zunahme der Einpersonenhaushalte und die konjunkturübergreifende Zunahme der Frauen- und Müttererwerbs-

[4] *Hilde Thurnwald,* Gegenwartsprobleme Berliner Familien, Berlin 1948; *Gerhard Baumert,* Deutsche Familien nach dem Krieg, Darmstadt 1954, und *Helmut Schelsky,* Wandlungen der deutschen Familie in der Gegenwart, Stuttgart [5]1967. Diese Analysen standen noch stark unter dem Einfluß der Kriegsnachwirkungen und des Nationalsozialismus. Zur modernen Vaterforschung vgl. *Wassilios Fthenakis,* Väter, München 1985, und *Maria S. Rerrich,* Alle reden vom Vater, aber wen meinen sie? in: Sektion Frauenforschung (Hrsg.), Beitrag zum 22. Deutschen Soziologentag Dortmund 1984, Frankfurt 1985.

[5] *Ulrich Beck,* Perspektiven einer kulturellen Evolution der Arbeit, in: Mitteilungen aus der Arbeitsmarkt- und Berufsforschung 17 (1984) H. 1, sowie *Michael Opielka/Heidrun Stalb,* Alternativen zur Familie, in: Sozial extra 6/1986. Ein besonderes Indiz ist die Labilität der individuellen Paarbeziehung/Ehe bei gleichzeitiger relativer Stabilität der Institution Ehe.

[6] *Ulrich Beck,* Risikogesellschaft. Auf dem Weg in eine andere Moderne, Frankfurt 1986.

tätigkeit sind dafür strukturelle Kennzeichen. Dabei ist die eindrückliche Zunahme weiblicher Erwerbstätigkeit einer gewandelten Lebensplanung der jungen Frauen geschuldet. Ausgestattet mit einer guten Allgemeinbildung, einer ausgeprägten Berufsorientierung und mehrjähriger Berufserfahrung, sehen sich die Frauen erst nach der Geburt ihres ersten, häufiger noch nach der Geburt ihres zweiten Kindes dazu veranlaßt, ausschließlich für ihre Kinder bzw. ihre Familie „dazusein", um nach einer zeitlich durchaus begrenzten Phase wieder in die Berufswelt und die öffentliche Kommunikation einzutreten, zumindest es zu wollen, selbst wenn die Verhältnisse sich für Frauen nach wie vor recht sperrig zeigen.[7]

Ich habe damit einige Veränderungen in der gesellschaftlichen Lage und im Bewußtsein von Frauen benannt, die eine Angleichung der Frauen an das Leben von Männern ausdrücken (gleicher Zugang zur Bildung, fast unbeschränkter Zugang zur Sphäre des Berufs und der Politik, Planbarkeit und generelle Reduzierung der Kinderzahl und Familienphase). *Zwar in ihrer Bedeutung verändert, aber nicht ohne Bedeutung ist die Familie im Leben der Frau.* Wir werden noch sehen, daß die Familie der Frauen (noch) nicht die Familie des Mannes ist. Dieser Prozeß der Angleichung in den Lebenslagen der beiden Geschlechter birgt einige Fallen. Und ich möchte hier gleich einige gründliche Ängste und Fehldeutungen ansprechen. Dieses Mit-den-Männern-Gleichziehen, das Gleich- oder Gleichberechtigtwerden oder gar die berühmt-berüchtigte Emanzipation der Frauen sind nicht als schlichte Anpassung oder gar Umkehr der Geschlechterhierarchie zu begreifen. Als letztere ist sie auch gar nicht möglich. Jedenfalls kenne ich keine ernstzunehmende Veröffentlichung aus den Diskussionen der Frauenforschung und Frauenbewegung, die eine bloße Anpassung der Frauen an die Männer für erstrebenswert hält. Selbst radikale Slogans zur Abschaffung der Männer, die eine Zeitlang sensationell waren, meinten die Abschaffung kultureller Formen von männlicher Überlegenheit und Gewalt und gelegentlich auch die verinnerlichten Korrelate bei den Frauen, nicht um an ihre Stelle Frauen zu setzen, sondern um die Geschlechterhierarchie als Hierarchie anzugreifen.[8]

[7] *Infas-Institut für angewandte Sozialwissenschaft* (Hrsg.), Situation und Einstellung von Frauen in Nordrhein-Westfalen, Bad Godesberg 1985; *Bundesminister für Arbeit und Sozialordnung* (Hrsg.), Erwerbstätigkeit und Mutterschaft, Bonn 1986; *Elisabeth Beck-Gernsheim,* Vom Geburtenrückgang zur Neuen Mütterlichkeit, Frankfurt 1984.

[8] *Lottemie Doormann* (Hrsg.), Keiner schiebt uns weg. Zwischenbilanz der Frauenbewegung in der Bundesrepublik, Weinheim 1979, sowie *Herrad Schenk,* Die feministische Herausforderung, München 1980.

Was ist aus sozialwissenschaftlicher Sicht ein Mann?

Ein Mann ist ein mit einer bestimmten Körperlichkeit ausgestatteter Mensch, der „lebenslang“ erwerbstätig ist, für eine Familie zu sorgen hat und daher gut verdienen muß. Im Selbstverständnis der Männer ist er gleichzeitig fast immer auch Haushaltsvorstand. Männer haben die öffentlichen, politischen und beruflichen Entscheidungspositionen eingeschlechtlich monopolisiert, so daß Männer in weiten Teilen des öffentlichen Lebens unter sich sind. Es gibt spezielle Institutionen für und von Männern. Die mächtigste ist das Militär, gefolgt von anderen eingeschlechtlichen Institutionen, wie Führungsakademien, Vorstandsgremien, Konzernleitungen, ganze Berufszweige, Fußballvereine, Männerclubs aller Art und zu großen Teilen auch die Kirchen, insbesondere die katholische. Im Alltagsverständnis sind Männer ausgestattet mit großer Körperkraft, kühlem Verstand und kräftiger Durchsetzungsfähigkeit. Daher haben sie vor allem männliche Konkurrenten und Leidensgenossen.

Die Sozialisation zum Mann

Ich möchte im Folgenden skizzieren, wie Männlichkeit im Prozeß der Sozialisation entsteht und welche Folgen dies für das Männerleben hat.

Die Männerphantasien, mit deren Analyse Klaus Theweleit große Aufmerksamkeit fand, stammten von der Generation älterer Männer, deren gesellschaftliche Sozialisation vor dem Zweiten Weltkrieg erfolgte.[9]

Die Vorstellungswelt dieser Männer, so Theweleit, war in einem extremen Ausmaß von einer „Leerstelle“ für die Frauen gekennzeichnet. Diese völlige Distanz und innere Abgrenzung gegenüber Frauen ermöglichte die Kasernierung der Männer und war auch ihre Folge. Sie war gleichzeitig Ausdruck einer strengen Geschlechterhierarchie, die mit einer verinnerlichten und systematischen Frauenverachtung (bei äußerlicher Ritterlichkeit) einherging. Die Fremdheit gegenüber Frauen korrespondierte mit einer Verneinung von allem Unkontrollierten und Lebendigen. Diese Abspaltung des „Anderen“ war funktional für ein Männerleben, das sich den Gefahren von Feinden und der Ideo-

[9] *Klaus Theweleit,* Männerphantasien (2 Bände), Frankfurt 1978. *Bob Cornell,* Zur Theorie der Geschlechterverhältnisse, in: Das Argument 157 (Mai/Juni 1986); *Peter Middelton,* Die begrenzte Relevanz des Geschlechterunterschieds, ebd.

logie von Kriegsnotwendigkeiten aussetzte und das Töten instrumentell, gedanklich und praktisch verordnet bekam.

In der kritischen Männerforschung werden heute Militär, Gewalt und Kriege als Institutionen der Männlichkeit gebrandmarkt. Die absichtlich produzierte aggressive Grundstimmung, wie latent sie auch immer sei, muß in dieser Geschlechterkonstellation mit einem Ausschluß von Gefühlen und einer Ablehnung von Taten sorgender Liebe und Selbstzurücknahme für andere einhergehen. „Der größte Unterschied zwischen Mann und Frau ist nicht der, daß Frauen Kinder gebären können und Männer nicht, sondern daß man von jedem Mann erwartet, daß er ein Killer werden kann.“[9a]

Verstümmelungen der männlichen Gefühlswelt, so lautet eine andere Zuschreibung, haben ihren Ursprung im „herrschenden, heimlichen Matriarchat“ der frühen Kindheit.[10] Das Augenmerk wird hier auf die Dominanz der Mutter gerichtet. Die erlebte infantile Abhängigkeit des männlichen Kleinkindes von der Versorgung durch die Mutter bestimme, so Vinnai, auch sein weiteres Triebleben. Die erzwungenen Ablösungs- und Trennungserfahrungen vom mütterlichen Liebesobjekt, dem allerersten, und die zweitrangige Identifizierung mit dem Vater bestimmt Männlichkeit als doppelte Negation und generelle Abwehrhaltung.[11] „Für Kinder beiderlei Geschlechts repräsentieren die Mütter Regression und einen Mangel an Autonomie. Ein Knabe verbindet dies mit seiner *sozialen* Geschlechtsidentifikation. Abhängigkeit von der Mutter, Zuneigung zu ihr und Identifikation mit ihr repräsentieren das Nicht-Männliche. Er muß die Abhängigkeit abwehren und Zuneigung und Identifikation leugnen. Die Einübung in die soziale Geschlechterhierarchie ist dafür beim Knaben viel rigider als beim Mädchen. Ein Knabe verdrängt die Eigenschaften, die er für weiblich hält, wehrt sie ab und wertet Frauen ebenso ab wie alles, was er in der Außenwelt für weiblich hält.“[12] Und auch die Peer groups der heranwachsenden Jungen haben diese Funktion. Wir werden sehen, daß die Spuren solcher Sozialisation in den Männlichkeitskonzepten und im Selbstverständnis von Männern immer noch wirken.

9a *Sam Keen,* Reifeprüfungen: Wie werden Männer gemacht? in: Psychologie heute (1986) H. 11, 32.

10 *Gerhard Vinnai,* Das Elend der Männlichkeit, Reinbek 1977.

11 *Carol Hagemann-White,* Zur Problematik des Begriffs „weibliche Sozialisation“. Überlegungen zu einer Theorie der Sozialpsychologie der Geschlechter, in: Sektion Frauenforschung (Hrsg.), Beiträge zur Frauenforschung am 21. Deutschen Soziologentag, Bamberg 1982, München 1982.

12 *Nancy Chordow,* Das Erbe der Mütter, München 1985, 235.

Eine andere Deutung von Männlichkeit ist in der besonderen Organausstattung der Männer bzw. ihrer symbolischen Repräsentanz begründet und zentriert auf Männlichkeit als Körperschicksal. Die Körperwahrnehmung der kleinen Jungen, so Ursula Müller,[13] vermittelt diesen das Erleben einer großen Verletzlichkeit ihres ungeschützten Geschlechtsteils und regt zu Phantasien an, die als *männlicher Gebärneid* beschrieben werden können. Die erzwungene Verdrängung solcher defizitären oder verletzten Körpererfahrungen intensiviert bei Männern die Abwehr, Empfindungen der Verletzlichkeit und Verletzbarkeit zuzulassen. Wir werden darauf bei den Ausführungen zur Gewalt zurückkommen müssen.

Psychosomatische Deutungen von „typischen Männerkrankheiten" (Herz- und Kreislauferkrankungen) bilden einen anderen Hintergrund der neuen Männlichkeitskritik.[14] „Was haben Männer, indem sie auf die Forderungen der Frauen eingehen, mehr zu verlieren als ihre Herzkrankheiten?" fragt Gloria Steinem; und Barbara Ehrenreich hat in den USA eine breite Reaktion auf dieses erhöhte Krankheitsrisiko der Männer beobachtet[15]. Männer geben dort ihre dominante Berufsorientierung auf, einige steigen ganz aus, und zunehmend mehr verweigern die Rolle als Familienernährer. Sie meinen damit, einem krankmachenden männlichen Lebenskontext entkommen zu können. Der Trend zur Singleexistenz hat hierin eine seiner Ursachen.

In der Bundesrepublik hat insbesondere Horst Eberhard Richter seit Anfang der siebziger Jahre immer wieder auf die geschlechtsspezifischen Erkrankungen hingewiesen und den „Zerstörungswahn" der Männer gegeißelt.[16] Er gehört zu den wenigen Männern, die – so hat es den Anschein – aus einem Eigeninteresse heraus und nicht bloß angestoßen durch die gewandelten Lebensvorstellungen der Frauen, aggressive Männlichkeit als Korsett empfinden und öffentlich formulieren, daß und wie Männer anders denken und leben könnten.

Der Streß, den die äußerlich robusten und lebenslang auf den Beruf ausgerichteten Männer im Berufsalltag zu ertragen haben, korrespondiert mit dem Zwang, Gefühle der Inkompetenz und Schwäche sowie

[13] *Ursula Müller,* Eine neue Männerforschung braucht das Land, Manuskript 1986.

[14] *Horst Eberhard Richter,* Lernziel Solidarität, Reinbek 1974.

[15] *Barbara Ehrenreich,* Die Herzen der Männer. Auf der Suche nach einer Rolle, Reinbek 1984.

[16] *Horst Eberhard Richter* spricht in diesem Zusammenhang von dem Leidensvorsprung der Frauen, a.a.O.

sämtliche Anlehnungsbedürfnisse zu verdrängen. Deshalb bedürfen Männer der Frauen als des „anderen" Pols. Deshalb sind nach wie vor Frauen die Motoren für eine Veränderung der Männer, und deshalb kann, da greife ich vor, von einer Emanzipation der Männer so lange nicht die Rede sein, wie sie individuell und kollektiv die geschlechtshierarchische Praxis nicht in Frage stellen und solange sie sich selbst nicht kritisch als Nutznießer und Opfer dieser Struktur begreifen.

Ich möchte mich nun drei Fragen zuwenden:

1. Gibt es einen (umgekehrten) Prozeß der Anpassung der Männer an die veränderte Lebensorientierung von Frauen, so geräuschlos und unspektakulär dieser auch sein mag?

2. Welches sind die Gestaltungsmöglichkeiten oder Handlungsspielräume, die Männer in ihrem Leben haben?

3. Und schließlich: Ruht das männliche Selbstbewußtsein immer noch auf einem hierarchischen Geschlechterverständnis, bei dem der männliche Part immer der Überlegene sein muß?

Die erste Frage richtet sich auf Veränderungen in der geschlechtlichen Arbeitsteilung. Sie ist verknüpft mit dem geschärften Blick der Frauenforschung für die „Männergesellschaft" und dafür, wie weit die Männer ihrerseits den Frauen in ihren Bemühungen um mehr Gleichberechtigung entgegenkommen.

Ich bin hier in der glücklichen Lage, mich auf zwei repräsentative Studien über deutsche Männer beziehen zu können, die in einem Abstand von zehn Jahren mit relativ ähnlichen Fragenkomplexen durchgeführt wurden, nämlich die „Männeruntersuchung" von Helge Pross und die Untersuchung „Der Mann", die ich mit meiner Kollegin Ursula Müller (beide im Auftrag der Zeitschrift „Brigitte") 1985/86 durchgeführt habe.[17]

Ich zitiere zunächst ein Fazit der Pross-Untersuchung von 1976: „Bemerkenswert ist am Frauenbild der Männer ... nicht allein seine offenkundige und kaum erschütterte Konservativität. Bemerkenswert ist vor allem seine harmonistische, die spezifischen Probleme von Frauen leugnende Grundierung. So wie die meisten Männer sie zeichnen, sind die sozialen Muster der Beziehungen zwischen den Geschlechtern im wesentlichen problemlos: der Mann ist stärker, er will den

[17] *Helge Pross,* Die Männer, Reinbek 1978, sowie *Sigrid Metz-Göckel/Ursula Müller,* Der Mann, Weinheim 1986, einschließlich des Tabellenbandes.

Beruf und will Familienernährer sein; die Frau ist schwächer, sie will ihre heutige Familienrolle und nur zeitweise einen dann auch noch anspruchslosen Beruf, und sie will zum Mann aufschauen können."[18] Zehn Jahre später hängt dieses Bild schief.

Der Patriarch ist auf dem Rückzug.[19] Nur noch eine Minderheit (zwischen 10% und 30% der deutschen Männer im Alter von 20–50 Jahren)
- findet, daß eine Frau nicht berufstätig sein sollte, damit sie sich ausschließlich ihrem Partner widmen kann;
- bestreitet die Bedeutung der Berufstätigkeit für das Selbstbewußtsein der Frauen.

Eine große Mehrheit
- hält Frauen für so gut wie alle Berufe für gleich geeignet, motiviert und belastbar;
- findet, ein Mann sollte seine sexuellen Bedürfnisse nicht gegen den Willen seiner Partnerin durchsetzen;
- ist gegen die Verschärfung der bestehenden gesetzlichen Regelungen zum § 218;
- findet es nicht peinlich, wenn ein Mann weint;
- meint, Männer sollten ihre Gefühle offener zeigen;
- hält die Diskussion zur Gewalt gegen Frauen für berechtigt.

Wir können daraus folgern, daß sich im Selbstverständnis der Männer einige Geschlechterstereotype aufgelöst haben. Männer können einzelne Frauen (inzwischen) als wirklich Gleiche sehen und ertragen, ohne sich selbst als Mann dadurch herabgesetzt zu fühlen.

Dies wäre ein bemerkenswerter Schritt hin zur Emanzipation der Männer, wenn er nicht erst eine winzige Minorität von ihnen beträfe.[20]

Auch wenn die selbständige, die berufstätige und auch die beruflich erfolgreiche Frau prinzipiell akzeptiert wird, besteht doch die geschlechtliche Arbeitsteilung in ihrer Grundstruktur fort. Die gleiche Gesellschaft, die den Wandel und die Ausdifferenzierung im Leben von Frauen zuläßt, behindert Frauen nach wie vor mehr als Männer dabei, einen Ausbildungsplatz zu bekommen und beruflich erfolgreich zu sein.

[18] *Helge Pross,* Die Männer, Reinbek 1978, 153.

[19] Wir haben in unserer Untersuchung die Vorstellungen der Männer zum Geschlechterverhältnis eingeteilt in solche, die ein hierarchisches und solche, die ein egalitäres Verständnis haben. Aufgrund der Befragungsergebnisse ergab sich, daß nur 5,2% der Männer ein in unserem Sinne wirklich egalitäres Geschlechterverhältnis vertreten; vgl. *Sigrid Metz-Göckel/Ursula Müller,* Der Mann, Weinheim 1986, 9ff.

[20] *Dies.,* Ändern sich die Männer wirklich? in: Siegfried R. Dunde (Hrsg.), Geschlechterneid – Geschlechterfreundschaft, Frankfurt 1987.

Die Angleichung zwischen Männern und Frauen gilt fast ausschließlich zwischen Männern und Vätern und der kinderlosen Frau. Den Kern der Geschlechterideologie bildet heute die junge Mutter.[21]

Wenn Männer Väter werden, dann geht dies einher mit

- einem Rückzug aus der Hausarbeitsbeteiligung,
- einer starren Delegation der Kinderbetreuung ausschließlich an die Mutter,
- einer verstärkten Abwesenheit des Vaters von der Familie (durch die Verlängerung seiner Arbeitszeit),
- einer verstärkten Aufstiegs- und Berufsorientierung in Konkurrenz zu Frauen,
- einem generellen Konservatismus.

Die männliche Verweigerung der Hausarbeit ist besonders eklatant und wird in allen Studien monoton bestätigt.[22]

Der Beitrag der Väter zu dem durch Kinder gesteigerten Arbeitsniveau des Familienhaushalts beschränkt sich darauf, mehr Geld zu verdienen. In diesem Sinne finden wir mehrheitlich eine traditionelle Vaterrealität, obwohl das Vaterbild sich differenziert hat.[22] Die Gründe für diese Distanzierung der Männer und Väter von der häuslichen Arbeit und von der Kinderbetreuung müssen unserer Einschätzung nach damit zusammenhängen, daß es Arbeit ist, die in einem privaten Abhängigkeitsverhältnis stattfindet, zur weiblichen Lebens- und Symbolwelt gehört und nicht mit Geld und Ansehen belohnt wird. Als bisher dem unterlegenen Geschlecht zugewiesene Aufgabe käme eine intensive oder gar öffentlich gemachte Berührung der Väter bzw. Männer mit Haus- und Kinderbetreuungsarbeiten einer qualitativen Feminisierung gleich. Sie durchbräche die Abwehrstruktur der Männlichkeit, so ließe sich kühn formulieren. Daher scheint es immer noch sehr viel leichter akzeptabel, daß einzelne Frauen sich „vermännlichen", als daß Männer sozial zu Frauen werden und die Rollen mit ihnen tauschen. Dies ist ein klares Indiz für die Geschlechterhierarchie.

Die Nachdrücklichkeit und Durchgängigkeit, mit der Männer – ob jung oder alt, ob aus Arbeiter- oder akademischem Milieu – auf einer Kinderbetreuung durch die Mutter bestehen, verleitet zu der Frage:

[21] *Sigrid Metz-Göckel/Ursula Müller,* Partner oder Gegner? Überlebensweisen der Ideologie vom männlichen Familienernährer, in: Soziale Welt (1987) H. 1; im Folgenden übernehme ich Teile dieser gemeinsamen Auswertungen.

[22] *Infas-Institut für angewandte Sozialwissenschaft,* Veränderungen der Aufgabenverteilung in Familie und Partnerschaft, Bonn-Bad Godesberg 1984, und *Ministerium für Arbeit, Gesundheit, Familie und Sozialordnung, Baden-Württemberg,* Einstellungen zur Ehe und Familie im Wandel der Zeit, Stuttgart 1985.

Welchen Nutzen haben Männer als Väter aus dieser Art von Arbeitsteilung? Bemerkenswert ist diese Delegation um so mehr, als in jüngster Zeit gerade auch die Männer nachdrücklich ihren Wunsch formulieren, Kinder haben zu wollen.[23]

Zur Beantwortung dieser Frage müssen wir die soziale Schicht bzw. die ökonomische Lage der Familie differenziert betrachten. In den hochdotierten Berufspositionen, die in der Berufsforschung als 1½-Personen-Berufe charakterisiert werden, scheint die reibungslose Verfügbarkeit der Partnerin für den Berufserfolg des Mannes ein Karriereerfordernis zu sein.[24] Die Ehefrauen übernehmen damit, daß sie ihrem Ehemann im Haushalt den Rücken und die Hände freihalten, ihm auch für Repräsentationsverpflichtungen zur Verfügung stehen, eine emotionale und soziale Reproduktionsfunktion, teils auch direkte Zuarbeit für die Berufskarriere des Mannes. Frauen bescheinigen ihren Ehemännern und allgemein mit ihrem Verzicht auf eigene Berufstätigkeit die höhere Bedeutsamkeit der männlichen Berufskarriere. Die Befreiung der Männer und Väter von der Hausarbeit und Kinderbetreuung ergibt sich in solchen Partnerschafts- und Familienkonstellationen fast zwangsläufig. Der Vorteil für die Männer/Väter ist offensichtlich der, daß sie damit im Beruf unter sich bleiben und die Struktur der Arbeitsteilung auch in der Familie damit allein, scheinbar Sachgesetzen folgend, bestimmen. Der für Männer und Väter förderliche, für vergleichbar motivierte Frauen und Mütter hinderliche Zusammenhang von Familien- und Berufsarbeit sieht in den unteren Einkommensschichten anders aus. Ein Drittel der Männer mit einer berufstätigen Frau in unserer Studie gibt an, sich durch die Berufstätigkeit der Partnerin entlastet zu fühlen: „weil wir nicht nur auf mein Einkommen angewiesen sind“.

Wären Familien- und Berufsarbeit statusgleich und auch zu gleichen Teilen auf die beiden Geschlechter aufgeteilt, dann könnte dies tendenziell für die Geschlechter eine Befreiung oder Entlastung aus je unterschiedlichen Zwängen bedeuten: für die Männer von der Notwendigkeit, lebenslang und ausschließlich berufstätig sein zu müssen, für die Frauen von dem Zwang, sich entweder für Berufs- oder Familienarbeit oder für beides gleichzeitig als Doppelbelastung zu entscheiden. Einer

[23] *Elisabeth Beck-Gernsheim,* a. a. O.; *Dietrich Bonorden,* Was ist los mit den Männern, München 1985, sowie *Hermann Bullinger,* Wenn Männer Väter werden. Schwangerschaft, Geburt und die Zeit danach im Erleben von Männern, Reinbek 1983.

[24] *Elisabeth Beck-Gernsheim,* Das halbierte Leben, Frankfurt 1980, sowie *Elisabeth Beck-Gernsheim/Ilona Ostner,* Frauen verändern – Berufe nicht? in: Soziale Welt (1978) H. 3.

solchen Modellvorstellung der Aufteilung von Berufs- und Familienarbeit liegt ein Partnerschaftskonzept zugrunde, bei dem die Aufgaben wirklich gleich und zwischen den Geschlechtern austauschbar wären.

Für die heutige Situation erweist sich jedoch die Annahme, Männer könnten sich durch die Erwerbstätigkeit ihrer Partnerin entlastet fühlen, als Illusion. Männer, die hier von Entlastung sprechen, haben selbst ein relativ geringes Einkommen und meinen dies in finanzieller Hinsicht. Sie sind andererseits noch einseitiger auf den Beruf fixiert als die Männer, die kein Entlastungsgefühl äußern. Das zeigt sich auch generell an der Bewertung von Erwerbslosigkeit von Männern und Frauen. Männer bewerten männliche Arbeitslosigkeit schlimmer als weibliche. Jeder fünfte möchte die Beseitigung von Arbeitslosigkeit ausschließlich zu Lasten von Frauen geregelt sehen.

Im Selbstverständnis der Männer tritt also die Berufs- und Erwerbsarbeit der Partnerin und Mutter zum männlichen Lebenszusammenhang hinzu, ohne daß es zu einer wechselseitigen Entlastung und Verschränkung der Arbeitsbereiche und Berufsorientierung kommt.

Die Ideologie vom männlichen Familienernährer

Wir müssen zur Kenntnis nehmen, daß Vorstellungen in den Köpfen der Männer insbesondere bezüglich ihrer Funktion als Familienernährer (als Vater ohne konkrete Mitarbeit in der Familie und als lebenslang überlegen berufstätiger Mann) sich zäh und eigensinnig festgehakt haben.

Die kleinere Hälfte der Männer im Alter zwischen 20 und 50 Jahren lebt mit einer nicht erwerbstätigen Frau in einem gemeinsamen Haushalt. Davon haben drei Viertel ein oder mehrere Kinder. Männer, deren Partnerin nicht erwerbstätig ist, sind zu 89% gleichzeitig Väter. Anders formuliert: Etwa jeder zehnte Mann, der mit einer Frau in einem gemeinsamen Haushalt lebt, „versorgt“ eine Frau, die nicht gleichzeitig Mutter ist, mit seinem Einkommen.

Wenn gegenwärtig nur etwa jeder zehnte Mann im Alter von 20–50 Jahren eine „kinderlose Frau“ unterhält, dann versorgen sich Frauen im entsprechenden Alter offensichtlich selbst in einem doppelten Sinne. Sie erledigen für ihre Kinder, ihre Partner und sich selbst die im Haushalt anfallenden Arbeiten, und sie sichern – falls sie keine Kinder haben – ihre ökonomische Existenz jenseits einer Versorgungsehe. Frauen werden gegenwärtig allenfalls in der Konstellation mit einem

Kleinkind oder mit Kindern vom „Verdienst ihres Partners" unterstützt. Aber auch dann längst nicht durchgängig, wie die Daten zur steigenden Müttererwerbstätigkeit belegen.

Wir müssen also schließen: Das „Sorgen" für die Familie, zumal für eine Frau, als Kernsatz männlicher Identität verengt sich immer mehr auf ein nur legitimatorisch vorgeschobenes Motiv. Auch wenn die finanziellen Sorgen zwischen den Geschlechtern, wenn auch ungleich, aufgeteilt sind, bleibt die Einseitigkeit des Familienernährermotivs zugunsten der Männer bestehen, ist Sorgen im anspruchsvollen Sinn von Fürsorge üben, emphatisch begleiten, sich alltäglich kümmern und persönlich für andere dasein (auch unter Hintanstellung von Eigeninteressen) bei den Männern kaum ausgebildet.

Zum „gebrochenen" Konservatismus der Männer und Väter

Ein Drittel der Väter mit einer erwerbstätigen Partnerin sähe es lieber, wenn die Mutter seiner Kinder ganz zu Hause bliebe. Auf die Frage, wie eine Familie mit Kindern unter zehn Jahren Haushalt und Kindererziehung aufteilen solle, plädieren 80% der Männer für die Lösung: „Der Mann ist berufstätig, und die Frau bleibt zu Hause." Nur die geringere Hälfte jedoch gibt dieses traditionelle Modell als für sie persönlich beste Lösung an.

Offensichtlich entsprechen Väter in ihrer Lebenspraxis nicht mehr dieser offiziellen Ideologie. Sie geben an, persönlich davon abzuweichen, entweder weil sie andere Formen besser finden, oder weil sie dazu veranlaßt werden. Nur ein Drittel der Männer mit einer berufstätigen Partnerin, aber zwei Drittel mit einer nicht-berufstätigen Partnerin befürworten die traditionelle „Normalfamilie".[25] Insgesamt vertreten vier Fünftel der Männer eine Familienvorstellung, die sie mehrheitlich für sich persönlich nicht akzeptieren. Dies ist der vergleichsweise seltene Fall, daß Männer eine konservativere Einstellung äußern, als sie leben. Diese spezifische Diskrepanz zwischen Anspruch und Wirklichkeit ist bezeichnend für verschiedene Wandlungen im Geschlechterverhältnis. Zunächst einmal ist anzunehmen, daß die Partnerinnen dieser Männer ihnen konkret eine andere Praxis abverlangen, als es die Männer von sich aus tun würden. Es ist im wesentlichen also das veränderte Berufsinteresse der Frauen, das Dissonanzen

[25] *Sigrid Metz-Göckel/Ursula Müller,* Partner oder Gegner, a.a.O.

bei den Männern bewirkt. Andererseits erweist sich das Familienargument noch als einzige Argumentation dafür, Frauen im Beruf nicht viel Terrain gewinnen zu lassen.

Ich fasse die Ergebnisse zur Annäherung der Männer an die veränderte Rolle der Frauen wie folgt zusammen:

Männer verharren in ihrer ausschließlichen Berufsorientierung. Mit ihrer Partnerin wollen sie nicht tauschen. Im Grund leben sie getrennt von ihr in der eigenen Welt, bestehend aus Beruf und Hobby, wie unsere Untersuchung ergab. Versorgen heißt für sie nicht, die Last und Lust der alltäglichen Versorgung zu übernehmen, sondern dafür zu sorgen, daß man immer mehr verdient als die Frauen, in aller Regel aber als die „eigene Frau".

Das männliche Selbstverständnis zeigt erstaunliche Divergenzen. Es hinkt hinter sich verändernden Wirklichkeiten des Geschlechterverhältnisses weit hinterher. Andererseits sind die geäußerten Einstellungen, z.B. zur Gleichberechtigung der Frauen, meist fortschrittlicher als ihre tatsächliche Lebenspraxis. Wir haben es also mit einer doppelten Disparität zu tun. Die Haltung der Männer läßt sich somit als aufgeklärter Patriarchalismus charakterisieren.

Gestaltungsmöglichkeiten und Handlungsspielräume im Leben von Männern

Daß Männer den Wunsch nach mehr bzw. anderen Gestaltungsmöglichkeiten ihrer Männerrolle haben, ist privat sicherlich oft zu hören und angesichts ihrer geringeren Lebenserwartung und ihres größeren „Berufsrisikos" auch verständlich. Wie die Daten zur Wahrnehmung von Teilzeitarbeiten und Modellen partnerschaftlichen Lebens zeigen (z. B. geteilte Elternschaft oder Hausmann-Sein) ist ihre praktische Realisierung gering.[26]

Andererseits haben auch Männer sehr eingeschränkte Handlungsbedingungen und können nicht einfach aus Strukturbedingungen aussteigen, ohne gravierende Nachteile in Kauf zu nehmen. Würden sie

[26] Geteilte Elternschaft oder die Aufgabe eines Hausmannes wird von Vätern noch in verschwindend geringem Ausmaß praktiziert. Vgl. dazu *Bernhard Schön,* 36 J., verh., teilzeitbeschäftigt, Vater eines Sohnes. Kinder verändern den Alltag des Mannes, Reinbek 1983; *Sonja Schwarz-Arendt,* Beruf Hausmann, Darmstadt – Neuwied 1980; sowie die Studie *Andreas Hoff/Joachim Scholz:* Neue Männer in Beruf und Familie. Konsequenzen einer eingeschränkten Erwerbsarbeit von Männern für die betroffenen Familien (Zwischenbericht), Manuskript Berlin 1985.

aber z. B. für eine Vielfalt von Familienmodellen und Formen von Arbeitsteilungen eintreten, so hätte dies gravierende Folgen. Zwar wäre es im Grunde einfach, da die Wirklichkeit ja längst nicht mehr ausschließlich der Vorstellung der sogenannten „Normalfamilie" entspricht. Aber würden Männer und Väter der Pluralisierung von Familienmodellen und Geschlechterkonstellationen Geltung verschaffen, indem sie auch öffentlich für diese Vielfalt einträten, so schwände der Vorsprung der Männer im Beruf. Ihre Nachlässigkeit im Haushalt und ihr Desengagement in der Kinderbetreuung wären dann nicht nur eine persönliche Fehlhaltung gegenüber der Partnerin, sondern eine Verletzung ihrer gesellschaftlich-kulturellen „Väterlichkeit". An deren Einlösung scheinen sie aber kein großes Interesse zu haben. Das Argumentieren mit den Zwängen, die gerade auf den Männern lasten und sie in ihren Charakterpanzer pressen, muß daher aus zwei Gründen nachdenklich und skeptisch machen:

- Frauen hatten noch eingeschränktere Rahmenbedingungen, aus denen sie sich heute zu lösen versuchen.
- Und der Leidensdruck der Männer an den Begrenzungen ihrer Rolle ist (noch) nicht so stark, daß es zu deutlichen öffentlichen Artikulationen oder Protesten kommt. Es sei denn, Männer befürchteten eine Einschränkung ihrer Vorteile. Die Förderung von Frauen im Beruf findet trotz Zustimmung zur Gleichberechtigung oder entgegen der Wahrnehmung der Ungleichbehandlung nur bei einer Minorität der Männer Zustimmung. Das Männerbündnis ist hier nach wie vor fest geschlossen. Lediglich in einem „Interessenvakuum" haben Frauen eine Chance, „privilegierte" Positionen der Männer einzunehmen.[27]

Das Selbstbewußtsein der Männer und die Hierarchie im Geschlechterverhältnis

Die dritte Frage nach dem Zusammenhang von männlichem Selbstbewußtsein und Überlegenheitsanspruch will ich am Thema „Sexualität und Gewalt" beantworten. Dieser Themenkomplex eignet sich sehr gut zur Aufdeckung einer Doppelstruktur im Geschlechterverhältnis.

Im Privatleben sind Männer Liebespartner von Frauen, im Berufsleben Herren und Vorgesetzte. Als Liebespartnerin sind Frauen einzigartig und gleichgestellt, als Berufskollegin in der Regel untergeordnet

[27] Das wird ganz deutlich in den Reaktionen der Männer zur Frauenförderung. Männer haben eine Vorstellung von Gleichberechtigung, die sich an der Besitzstandswahrung der Männer orientiert. Lediglich die Zuwächse sollen gleich zwischen den Geschlechtern verteilt werden.

und ausgeliefert. Dieses doppelte Verhältnis von Gleichberechtigung und Unterlegenheit von Frauen zu Männern ist seitens der Männer zu Frauen ein anderes. Zwar gewinnen Männer Frauen als Sexualpartnerinnen immer mehr einzig über ihre Liebenswürdigkeit und Liebesfähigkeit. Aber diese Beziehungen haben eine dunkle Seite. Da die Mann-Frau-Beziehung im gesellschaftlichen Kontext eine Über- und Unterordnung darstellt, können sich Männer der Liebe ihrer Partnerinnen nie sicher sein. Wie tief die gesellschaftliche Hierarchie der Geschlechterbeziehung selbst in das Gefühlsleben der Männer hineinreicht, können wir an seiner gewalttätigen Tiefenstruktur erkennen.

Ihren Äußerungen zufolge sind Männer mit ihren Partnerinnen erstaunlich zufrieden. Eine gute Partnerschaft gibt es für die Männermehrheit nicht ohne eine befriedigende Sexualität, aber nur jeder vierte bzw. jeder siebte glaubt, sexuelle Befriedigung sei für ihn als Mann wichtiger als für seine Partnerin. Eine intensive Freundschaft zu einer Frau ist für zwei Drittel der Männer auch ohne sexuellen Austausch möglich. In ihren Gefühlsäußerungen haben sie sich vom Klischee des starken Mannes weit entfernt. Sie meinen, Männer seien insgesamt weicher geworden, und sie plädieren für eine noch größere Gefühlsoffenheit und dafür, mehr Schwäche zeigen zu dürfen. Sie finden es nicht peinlich, wenn ein Mann in der Öffentlichkeit weint. Dies weist darauf hin, daß Männer emotional offener zu sein wünschen, als in der Literatur bisher beschrieben wurde.

Nun sind heterosexuelle Männer in der Befriedigung ihrer sexuellen Wünsche auf die Gunst und Bereitschaft der Frauen angewiesen. Es liegt in der Entscheidung der Frau, auf sexuelle Angebote des Mannes zu reagieren. Sie können auch verweigert werden und zu Versagungen bei den Männern führen.

In den Aussagen der Männer über ihre befriedigende Sexualität wird ein Verständigungsmodell von sexueller Befriedigung betont. Die Selbstbestimmung und die Glücksempfindung beider Partner sollen gewahrt und respektiert werden. Nur eine winzige Minorität ist der Meinung, der Mann sollte seine sexuellen Wünsche auch gegen den Willen der Frau durchsetzen (siehe dazu Tabelle 1 S. 22 f.).

Traditionelle Männermythen über Sexualität, so dürfen wir zunächst annehmen, sind passé. Damit wäre der Kritik von Lerke Gravenhorst recht zu geben, die an der feministischen Literatur über Männer die positiven Valenzen vermißt. Eine für beide Geschlechter gleichermaßen unteilbare Menschlichkeit müsse entworfen werden, damit Männer die Chance einer Distanzierung, Reflexion und Korrektur ihrer für Frauen unzumutbaren Verhaltensweisen erhalten. Eine solche allgemein humane Haltung hat ihren Sinn. Sie wird jedoch problematisch und gefährlich, sofern die verquere Verknüpfung von Gewalt und Sexualität im Selbstbild von Männern ignoriert wird.

Wenn Männer in Situationen, die menschlich verständlich sind, gewalttätig gegenüber ihrer Frau/Partnerin werden, dann haben ihre Geschlechtsgenossen zu großen Teilen kein Unrechtsbewußtsein. Dabei bedeutet „menschlich verständlich" hier verständlich in dem Sinne, daß die traditionelle Geschlechterordnung des Über- und Unterordnungsverhältnisses ins Wanken oder zur Umkehr gerät und mit Gewalt „aufrechterhalten" wird. Männer akzeptieren Frauen in der Funktion als Ableiter für männliche Aggressionen bzw. Frustration, selbst wenn die Anlässe für Gewalthandlungen allemal solche sind, die mit offenem oder gewalttätigem Verhalten seitens der Frauen gegenüber Männern nicht viel zu tun haben.

Sieht man einmal davon ab, daß die überwältigende Mehrheit der Befragten den Alkohol als Verursacher von Gewalttätigkeiten ansieht – diese Zuschreibung erlaubt es, Gewalt als Kavaliers- und Bagatelldelikt anzusehen –, so ist auffällig, in welch hohem Maß die sexuelle Verweigerung der Partnerin, gar eine sexuelle Demütigung durch Lachen, unweigerlich eine hohe Verständnisbereitschaft unter Männern auslöst. Beide Ursachenzuschreibungen legen die Verantwortung für gewalttätiges Verhalten gegenüber Frauen nicht auf den Täter, sondern zu einem großen Anteil auf die Frau.

Tabelle 1
Einstellung zu Sexualität und Gewalt (in %)

Stimme	Gesamt	Altersgruppen bis 29 Jahre	30–39 Jahre	40 Jahre und älter
Basis	1039	405	269	365
Auch wenn die Frau nicht will, sollte der Mann seine sexuellen Bedürfnisse durchsetzen können				
voll und ganz zu	3.3	2.2	3.7	4.1
etwas zu	9.0	6.4	9.9	11.2
weniger zu	30.3	23.6	33.5	35.3
überhaupt nicht zu	56.7	67.4	52.2	48.5
ohne Angabe	0.7	0.4	0.8	0.9

Tabelle 2

Situationen, in denen Männer ihre Frau/Partnerin schlagen (in den Vorstellungen der Männer [in %]; Mehrfachnennungen möglich)

		Altersgruppen		Bildung		Partnerin	
	gesamt n = 1039	bis 29 Jahre n = 405	40 Jahre und mehr n = 365	Volksschule n = 547	Studium n = 132	berufstätig n = 357	nicht berufstätig n = 326
„Wenn der Mann betrunken ist."	67	69	62	66	71	71	63
„Wenn die Frau den Mann auslacht, wenn er im Bett versagt."	48	52	44	51	41	50	51
„Wenn die Frau sich weigert, mit dem Mann zu schlafen."	34	38	30	30	42	32	31
„Wenn ein Mann am Arbeitsplatz Probleme hat und seine Wut nur an der Frau auslassen kann."	32	37	30	28	41	32	28
„Wenn die Frau überlegen ist."	22	26	18	20	30	24	15

Quelle: Metz-Göckel/Müller, a. a. O. Tabellenband, Tab. 21F.

Schulbildung				Partnerin			Tochter/Sohn	
Volksschule	weiterführende Schule ohne Abitur	Abitur	Studium, Uni	Partner im HH, berufstätig	Partner im HH, nicht berufstätig	ohne Partner	ja	nein
547	265	96	132	357	326	333	417	622
5.1	1.2	2.0	0.9	1.7	3.6	4.8	3.5	3.2
10.4	8.6	8.4	4.4	7.1	12.3	7.7	8.2	9.5
34.2	31.0	24.3	16.9	30.7	34.4	27.3	30.1	30.4
49.3	59.2	64.7	77.3	59.6	49.4	59.5	57.4	56.3
1.0	–	0.6	0.5	0.9	0.3	0.7	0.8	0.6

Schlußfolgerungen

Unsere Analyse der Männeraussagen hat gezeigt, daß sich faktisch der Zusammenhang von Berufserfolg und Familienversorgung in der modernen Gesellschaft für die Männer auflockert. Eine Entlastung von dem alleinigen Versorgungszwang hat aber bei den Männern nicht zu einer inneren Befreiung geführt. Insgesamt wird das Ausmaß von Gewalt auch in privaten Beziehungen hoch eingeschätzt. Fast jeder fünfte kennt gewalttätige Beziehungen. Insofern ist die Aggressivität von Männern in ihr Wahrnehmungsvermögen gedrungen. In den Lösungsmöglichkeiten zeigen sie sich dagegen eher hilflos als tatkräftig. Sie sehen es vor allem als Lösung an, an die Verständnisbereitschaft der Frauen zu appellieren. Dabei sind sie sich des Widerspruchs bewußt, der sich mit dem allgemeinen Anspruch auf körperliche Unversehrtheit verbindet.

Männer in einer der Form nach traditionellen Partnerschaft mit einer Frau haben eine signifikant geringere Einschätzung des Ausmaßes männlicher Gewalttätigkeit.[28] Diese korrespondiert auch mit einer größeren Geringschätzung der Frauenhäuser und der überzufällig häufigeren Aussage, Frauen lebten doch freiwillig in einer solchen gewalttätigen Beziehung („sie können ja gehen, wenn der Mann zu brutal wird"). Die Form des Zusammenlebens von Ehemännern mit einer nicht berufstätigen Frau bestimmt oder beeinflußt das Selbstbewußtsein und Wahrnehmungsvermögen mindestens ebenso maßgeblich wie das Alter und der Bildungsstand. Dem Konservatismus der Männer liegt durchaus eine ideologische Begrenzung der realen Lebensverhältnisse zugrunde und spiegelt noch einmal Gewalt als Verkehrung wider.

Das tiefgehende Problem scheint nämlich zu sein, daß Verletztsein in den Augen der Männer Gewaltanwendung legitimiert. Die Gewalthandlung verwandelt sich damit von einer Geste der Machtausübung in eine Reaktion aus Hilflosigkeit, in das letzte Mittel des Kontaktes zur Partnerin auf dem Hintergrund einer labilisierten männlichen Identität. Männer greifen zu Gewalt, so ist weiter zu argumentieren, weil Aggressionshandlungen in ihrem Repertoire für „solche Notfälle" verankert sind, von frühester Kindheit an einsozialisiert wurden und zur kulturellen Reproduktion der Geschlechterpolarität gehören.

[28] Vgl. *Sigrid Metz-Göckel/Ursula Müller,* Partner oder Gegner, a. a. O. 25.

Der Wertkonflikt verläuft nur scheinbar zwischen dem Anspruch auf körperliche Unversehrtheit für alle (unter Einschluß von Frauen) und der Befriedigung männlicher sexueller Bedürfnisse. Den Hintergrund bildet ein hierarchisches Verhältnis der Geschlechter mit einer eindeutig männlichen Überlegenheit als Norm. Gerät diese Struktur aus den Fugen oder in Gefahr, sei es über Streß im Beruf, sei es, weil die Frau zu tüchtig ist, sei es, weil es individuell zu strapaziös ist, Männlichkeit als Überlegenheit immer leben zu müssen, so greifen Männer zur Gewalt: „Die Spannung zwischen Abgrenzung und Angewiesensein kann in einer Verletzung der Grenzen des anderen Ausdruck finden. Anstelle des Ringens um gegenseitige Anerkennung beider Subjekte ... ermöglicht Gewalt eine Berührung, die sich vor allem abgrenzt, anders und überlegen bleibt. Rational ist sie, indem sie selbst die eigenen Grenzen setzt."[29]

Daß die gesellschaftliche Individualisierung der Frauen auch Gewalttätigkeiten bei ihren männlichen Partnern „provoziert", könnte also seine innere Ursache in der Abwehrstruktur des Männlichen und in der gewaltsam aufrechterhaltenen Polarisierung der Geschlechtscharaktere haben. Ein Abbau des Gewaltpotentials würde eine positive Aneignung von Männlichkeit erfordern, eine Anlehnung des männlichen Kindes an den Mann als einen Vater, der nicht nur den totalen Berufsmenschen vorlebt, sondern auch eine Väterlichkeit als kulturelle und praktische Realität lebt. In diesem Sinne haben allerdings die Auseinandersetzungen um die „neuen Väter" oder die „neue Väterlichkeit" eine Bedeutung, die über die bloße Forderung von Mehr- oder Gleichbeteiligung an der Hausarbeit und Kinderbetreuung hinausgeht und die mit einer Erweiterung männlicher und weiblicher Geschlechtsidentität verbunden wäre.

„Vielleicht sollten wir das Wort ‚Mann' für solche männlichen Wesen reservieren, die begonnen haben, nicht mehr wie Stammeskrieger zu handeln und zu fühlen, und die nicht mehr in den anderen Männern, in Frauen, in der Natur Feinde sehen, die es zu erobern gilt."[30]

Wir ahnen noch gar nicht, was der Erfolgszwang und der Zwang, lebenslänglich ausschließlich berufstätig sein zu müssen, den Männern an innerer Disziplinierung abverlangt und an Verächtlichkeit und Zerstörungspotential in die Ehen und Familien hineinträgt. Nicht alle, sondern nur ganz wenige Männer können schließlich die Männlich-

[29] *Carol Hagemann-White,* a. a. O. 149f.
[30] *Sam Keen,* a. a. O. 33.

keitsstereotypen erfüllen. Mittelmäßig sind die meisten, und mäßig erfolgreich ebenso, und scheitern tun auch viele. Die Relativierung von Männlichkeitsstereotypen könnte Chancen haben, denn die Stereotypen von Männern bezüglich der Frauen haben sich schon aufgelöst. Damit wird das Zusammenleben nicht stabiler, sondern risikoreicher, dies um so mehr, je enttäuschender für beide Geschlechter die Erfüllung im Beruf ist.

Ich glaube, daß Männer Frauen brauchten als selbstlos Dienende, damit sie im Zusammenleben mit Frauen ihre ansozialisierte Gewalttätigkeit zügeln lernten, ihre Überheblichkeit bestätigt erhielten und in den Frauen ein Ventil hatten, ihre unerträglichen Spannungen abzubauen.

Dafür eignen und geben sich Frauen immer weniger her, und daher nehmen die Konflikte zwischen den Geschlechtern zu, auch die Chancen, zu einem neuen Verhältnis unter Gleichen zu kommen? Können wir damit – nach einem langen Umweg – zu sehr alten und radikalen Vorstellungen einer Gleichheit zwischen den Geschlechtern wirklich zurückkehren?

„Und dann sprach Gott. Lasset uns Menschen bilden nach Gottes Ebenbilde, uns ähnlich. Sie sollen herrschen über die Vögel in der Luft, über das Vieh, über alle Landtiere und über alle Kriechtiere am Boden. So schuf Gott den Menschen nach seinem Abbild, nach Gottes Bild schuf er ihn, als männlich und weiblich schuf er sie“ (Gen 1,26).

In dieser Variante der Genesis gibt es keine großartigen Unterschiede zwischen den Geschlechtern und eine schlichte Ähnlichkeit als Gottes Ebenbild. Das ist ausreichend und im guten Sinne feministisch.

Siegfried Rudolf Dunde

Das neue Männerbild

*Perspektiven für Gesellschaft und Kirche**

Zum Einstieg

*Ein Mullah, stolzer Besitzer eines Kahns, lud den Schulmeister seines Dorfes zu einer Bootsfahrt auf dem Kaspischen Meer ein. Behaglich räkelte sich der Schulmeister unter dem Sonnendach des Bootes und fragte den Mullah: „Wie wird wohl heute das Wetter werden?" Der Mullah prüfte den Wind, blickte zur Sonne, runzelte die Stirn und sagte: „Wenn du mir fragst, wir kriegen Sturm." Entsetzt rümpfte der Schulmeister die Nase und kritisierte: „Mullah, hast du nie Grammatik gelernt? Das heißt nicht mir, sondern mich." Dafür hatte der so Getadelte nur ein Achselzucken übrig: „Was kümmert mir die Grammatik?" Der Schulmeister war verzweifelt: „Du kannst keine Grammatik. Damit ist die Hälfte deines Lebens vergeudet." Wie es der Mullah vorausgesagt hatte, zogen am Horizont dunkle Wolken auf, ein starker Sturm peitschte die Wogen und das Boot schwankte wie eine Nußschale. Die Wellen ergossen riesige Wassermassen über das kleine Schiff. Da fragte der Mullah den Schulmeister: „Hast du jemals in diesem Leben Schwimmen gelernt?" Der Schulmeister antwortete: „Nein, warum sollte ich denn Schwimmen lernen?" Breit grinsend gab ihm der Mullah zur Antwort: „Damit ist jetzt dein ganzes Leben vergeudet, denn unser Boot ist gerade dabei zu sinken."***

Vielleicht ist das Wasser des Kaspischen Meeres in dieser Parabel wie ein Symbol dafür, daß alles in Fluß geraten ist. Zumindest läßt sich dies ja für das Verhältnis zwischen den Geschlechtern in unseren Breiten behaupten. Die beiden Männer – den Geistlichen und den Lehrer – können wir getrost als zwei Hälften von uns selber begreifen: einmal die Rationalität, auf die wir stolz sind und die wir für unser Überlebens-

* Leicht veränderte Fassung von *Siegfried Rudolf Dunde,* Können sich Männer wirklich ändern? in: ders. (Hrsg.), Wenn ich nicht lieben darf, dürfen's andere auch nicht. Vom Umgang der Männer mit sich und anderen (rororo Mann 8227), Reinbek 1987. Mit freundlicher Genehmigung des Rowohlt Verlags.

** Aus: *Nossrat Peseschkian,* Der Kaufmann und der Papagei, Frankfurt 1979, 129.

mittel halten, zum anderen die Fähigkeit, mit den Elementen des Lebens zu gehen und sich ihnen anzupassen, also Lebendigkeit, Körperlichkeit und Gefühl, jene Bereiche, die in der Erziehung zum Mann am ehesten eingegrenzt und zurückgedrängt werden. Zum Leben auf den zuweilen stürmischen Wellen der menschlichen Existenz reicht es eben nicht, mit vollem Kopf und leerem Herzen (oder Bauch) anwesend zu sein. Damit wir (Männer) das Leben nicht vergeuden, brauchen wir seine beiden Hälften. Dies zu erkennen – und die Erkenntnis umzusetzen –, damit sind wir erst am Anfang.

Männer müssen endlich von Frauen lernen

In der persischen Parabel stellte der Schulmeister die Eindimensionalität des (männlichen) Lebens dar. Rettung gäbe es für ihn nur, wenn er selbst aufhörte, andere zu belehren, dafür aber anfinge, selbst wieder zu lernen. Für die Veränderung von Männerbildern und den Wandel der Perspektiven von Männern gilt etwas Ähnliches:

Wenn Männer sich heute selbst besser verstehen und sich ändern wollen, dann müssen sie zunächst von Frauen lernen. Denn die allmählich gewachsene gesellschaftliche Sensibilität für die Unzulänglichkeit der bisherigen Geschlechterrollen und für die Unmenschlichkeit des Sexismus (der Minderbewertung eines Geschlechtes durch das andere) ist ja gerade keine Leistung der Männer, sondern eine von Frauen, die sich gegen ziemlich deutliche Widerstände und Verächtlichmachung von Männern zur Wehr setzen mußten. Männer haben daher auch kein Recht zu sagen: „So, wir nehmen jetzt das Heft der weiteren Entwicklung in die Hand!" Sie müssen erst einmal von Frauen lernen, indem sie sich deren Kritik aussetzen und sie gründlich bedenken, ohne bereits von allem Anfang an im Kopf zu haben, warum das „alles" angeblich nicht stimmt oder übertrieben sei, was Frauen ihnen vorhalten.

Wenn Männer von Frauen lernen sollen, dann heißt dies aber nicht, daß sie anschließend eine Art „Maskulinismus" analog zum Feminismus schaffen dürften, denn die nach wie vor herrschende Machtverteilung begünstigt noch immer die Männer. Schauen Sie einfach, wer die Führungspositionen in der Gesellschaft einnimmt und wer die unangenehme, publizitätsunwirksame Arbeit leisten muß; oder vergleichen Sie die tatsächlichen Arbeitszeiten von Frauen (Beruf *und* Familie) mit denen von Männern; oder bedenken Sie einmal, woher es kommt, daß Frauen Angst vor Vergewaltigung und sexueller Belästigung haben,

Männer aber nicht ... Das Thema „Männlichkeit“ bzw. „Suche nach einer neuen Männerrolle“ kann also nicht unter dem Leitmuster „Unterdrückung des Mannes“ diskutiert werden, sondern unter dem der „Benachteiligung von Frauen“. Bei einem Wandel der Männeridentität wird es letzten Endes um einen Verlust an Macht und Privilegien gehen, einen Verlust, der zunächst schmerzen, dann allerdings ein freieres Leben für Männer hervorbringen wird. Dies muß man einrechnen, um nicht von heftiger Abwehr durch veränderungsunwillige Männer überrascht zu werden, die sich auch nicht durch Argumente wie „Das alles dient doch auch deiner Befreiung!“ überzeugen lassen wollen. Außerdem wäre es sehr unehrlich, Männern einen Wandel „verkaufen“ zu wollen, der angeblich bloß Vorteile und nur unbeachtliche Nachteile mit sich bringen würde. Auf diese Weise verewigte man nur die „Unfähigkeit zu trauern“, wo doch die Fähigkeit, Schmerz über Verluste und über Versagen und eigene Ungerechtigkeiten zuzulassen, für eine Umkehr - eine „Metanoia“ - unumgänglich ist.

Männer müssen arbeiten lernen

Sicher, die Arbeit gilt als männliche Domäne. Männer können angeblich arbeiten - gemeint ist jedoch immer die Berufs- bzw. die politische oder verbandliche Arbeit. Arbeit an und für Beziehungen, für die konkreten menschlichen Verhältnisse (nicht für die abstrakten Verhältnisse im Sinne einer Welterlösung, Weltrevolution usw.), dies dürfte für Männer eher eine „terra incognita“ (eine unbekannte Weltgegend) sein.

In der neueren Männerliteratur fällt auf, daß zwar immer mehr Männer versuchen, an diese ungewohne Art der Arbeit heranzugehen, daß sie das aber gern mit einem Anflug von Weinerlichkeit oder mit einem Touch von Dozententum tun.

Lamentieren entspringt einem Gefühl der Kränkung und hat als Ziel immer die einfühlsame Tröstung - am besten von Frauen, denen ja die Zuständigkeit für Empathie (Einfühlung) und Seelenkunde zugeschoben wird. Lamentieren heißt nicht, Trauerarbeit zu leisten; denn dabei ginge es ja um das Annehmen und Verarbeiten eines Schmerzes sowie um Veränderung. Dies aber hat das Lamento nie im Sinn.

Proklamationen gehören zu einem Produktionsgebiet, für das Männer besonders gerne verantwortlich zeichnen, in dem sie sich auskennen, das sie lieben: die Ideologie. Gerne kämpfen Männer - aber nicht um und für Menschen (außer in den Worten ihrer Proklamationen), sondern um die „Wahrheit“, die „Sache“, den „rechten Glauben“ in Politik und Religion.

Ich kann die Versuche, diese beiden Holzwege zu gehen, gut verstehen, schließlich bin ich selbst ein Mann. Im Laufe meines Aufwachsens habe ich erlernt, in bestimmten Situationen Tröstung zu suchen, um mich nicht ändern zu müssen, aber auch, die Schlacht um den „wahren Glauben“ auszufechten. Gegen beide Tendenzen läßt sich nicht ankämpfen, man muß schon lernen, sie zu *lassen*. Es geht! Immerhin haben wir solche Verhaltensweisen ja einmal erlernt, also können wir sie auch wieder ver-lernen.

Mit dieser persönlichen Bemerkung will ich im übrigen auch klarmachen: Es geht mir nicht darum, über die bösen anderen Männer zu sprechen, so schön nach der dualistischen Masche „hie die wenigen guten und perfekten Männer, dort die bösen, die sich nicht ändern wollen“. In jedem Mann stecken vielmehr die beschriebenen Tendenzen, in jedem aber auch die Ansätze für einen tiefgreifenden Wandel.

Statt zu lamentieren und eine angeblich unumstößliche Wahrheit durchzusetzen, können Männer andere Wege gehen, um die ungewohnte Art des Arbeitens an sich selbst, für menschliche Beziehungen und für ein neues Verhältnis zwischen den Geschlechtern zu leisten.

Den ersten Weg hatte ich schon benannt: *Lernen von Frauen und von feministischer Forschung*. Da Männer nun einmal keine Frauen sind, können sie die Lebenslagen von Frauen auch nur dadurch allmählich begreifen, daß sie zuhören, was Frauen zu berichten haben; zuhören bedeutet aber zugleich, das Gehörte zu respektieren, ernst zu nehmen und nicht sofort mit Gegenargumentationen zuzudecken. Im Bereich des Denkens zielt dieser Weg dahin, die Möglichkeiten der Bildung von Theorien, von Verstehen und Erfahren zu erweitern durch die Hineinnahme feministischer Forschungsarbeit. Männliche Theologen müßten also feministische Theologie pauken, männliche Psychologen und Ärzte Grundzüge feministischer (Psycho)therapie erlernen, männliche Historiker aus den Arbeiten feministischer Geschichtswissenschaft neue Ansätze historischen Denkens entnehmen usw. Ziel wäre nicht, das Bisherige auf den Müllhaufen der Vergangenheit zu werfen, sondern das Neue als Bereicherung und Korrigierendes willkommen zu heißen. Aber auch dies wird keine reine Freude für Männer sein, denn sie werden mit einer Geschichte der Unterdrückung und Benachteiligung konfrontiert werden und sich stellen müssen.

Der zweite Weg besteht darin, *männliche Tabuthemen anzunehmen und sich mit ihnen auseinanderzusetzen;* gemeint sind Themen, die Männer liebend gerne abstreifen oder wenigstens einigen wenigen „bösen" Männern zuschieben möchten: Gewalt gegen Frauen, die Unterdrückung von Männern durch Männer (Vater – Sohn, Chef – Untergebener ...), die Verlagerung von Erziehungs- und Hausarbeit auf Frauen, die Angst vor Homosexuellen und vor eigenen homosexuellen Anteilen und Erfahrungen, die Angst vor Mißerfolg, das Desinteresse an seelischem Geschehen zugunsten „sachlicher" Motivation (welcher Mann z.B. sucht in Krisenfällen psychologische Hilfe?), der kaschierte Gebärneid (wo doch Neid angeblich eine rein weibliche „Untugend" sein soll), der verdrängte Zeugungswunsch und die nicht zugegebene Zeugungsangst usw. Aufgaben warten hier also genug, männlichem Forscherdrang stehen weite, wenig durchforstete Gebiete zur Verfügung ...

Der dritte Weg wäre *die Aufarbeitung der Geschichte des Geschlechterverhältnisses.* Frauen haben auf diesem Gebiet bereits intensiv gewirkt, nun müssen Männer dies zur Kenntnis nehmen und selber aktiv und mit eigenen Schwerpunkten den historischen Entwicklungen nachspüren. Die Spur sollte sie führen zur Sexualgeschichte (wie kommt es, daß ausgerechnet das Abendland eine sexualfeindliche oder wenigstens sexualbefangene Kultur ist?), zur Religionsgeschichte (wie kommt es, daß trotz positiver Anfänge die Geschichte des Christentums auch eine Geschichte der Ausgrenzung von Frauen ist?), zur Geschichte der Familienformen, zur wirtschaftlichen Grundlegung des Geschlechterverhältnisses, zur Geschichte der Frauen- und Minderheitenverfolgung, die im Abendland zusammengehören (so sind etwa Hexenverfolgung, Antisemitismus und Homophobie = Schwulenhaß miteinander eng verwoben), und zur Geschichte der Ideologie (Schaffung bestimmter Frauenbilder, z.B. das der Maria, die Frauen an die zweite Stelle rücken sollen, oder die Vernutzung bestimmter grundlegender Texte, z.B. der Bibel).

Der vierte Weg wird dann begangen, *wenn Männer sich mit Frauen – auf deren, nicht auf eigene Einladung – zusammentun, um gemeinsame Strategien zu entwerfen, um Arbeit und Pflichten, aber auch Freude und Lebensgenuß zu teilen, um die Vermännlichung von Gesellschaft, Institutionen, Kirchen aufzubrechen durch die Entwicklung (a) einer alternativen Theorie* (z.B. einer neuen Ethik, einer neuen Theorie von Gleichberechtigung, einer theoretischen Begründung für Strategien wie Quotierung usw.) *und (b) einer alternativen Praxis* (z.B. Experimente mit „Feminaten“, also rein weiblichen Führungsgremien, die politische und juristische Bekämpfung von Diskriminierungsfällen usw.).

Die Rolle von Minderheiten

Diese vier Wege werden mit Sicherheit nicht – quasi per Startschuß – von allen oder auch nur den meisten Männern begangen werden. Historische Erfahrungen sprechen eine zu deutliche Sprache, was die Bereitschaft privilegierter Gruppen anbelangt, auf ihre Vorteile zu verzichten.

Veränderungen gehen zumeist von Minderheiten aus, die zunächst die Last der Verdächtigungen durch die Mehrheit und die Angst vor dem Neuen, das als Folge der Veränderung auf sie wartet, alleine tragen müssen, die jedoch zugleich eine Vorreiterfunktion für die Mehrheit ausüben. Was heute wenige Männer ausprobieren (würden), kann (könnte) Folgewirkungen für die meisten anderen haben.

Allerdings: Veränderungen geschehen nicht automatisch. Und auch Minderheiten können nur dann verändernd wirken, wenn bestimmte Voraussetzungen gegeben sind. Dazu gehört vor allem ein Wandel in der Verteilung der „Ressourcen“, der Quellen wirtschaftlicher und politischer Macht. Wenn es gelingt, genügend Mittel und Verbündete zusammenzubringen, dann kann ein Wechsel der Verhältnisse gelingen. Anders gesagt: Je funktionaler der „neue Mann“ für den reibungslosen Ablauf der Warengesellschaft mit ihrer Weise ist, Beruf und Konsum zu gestalten, desto eher wird er Anerkennung finden und als nachahmenswert dargestellt werden.

Diese Bemerkung mag vielleicht entmutigend wirken, ich denke aber, daß man sie auch genau umgekehrt verstehen kann. Ökonomische und politische Macht kann zwar einerseits Änderungen verhindern, andererseits aber können sich Minderheiten auf die Gunst der Stunde vorbereiten, die es dann zu nutzen gilt, sobald die Interessen der besagten Minderheiten in einem größeren Zusammenhang funktional geworden sind. Wenn ich betrachte, wie Frauen es gemacht haben, dann gewinne ich daraus Mut: Trotz aller Rückschläge nutzen Frauen und Gruppen von Frauen ihre Chancen, in das politische und gesellschaftliche Geschehen einzugreifen. Vieles, das jetzt erreicht wird, kann später auch bei heftigstem Gegenschlag nicht mehr rückgängig gemacht werden. Um nur ein Beispiel zu nennen: In Zukunft dürfte es schwerlich Führungsgremien von Parteien, Regierungen etc. geben, in denen keine oder nur eine einzige Frau beteiligt ist.

Wie wir nicht weiterkommen

Bei der Suche nach einer neuen männlichen Identität gibt es allerdings eine Gefahr, auf die ich jetzt aufmerksam machen möchte. Sie besteht in Schuldvorwürfen, die weder Männer noch Frauen weiterbringen und sinnlos Kräfte im Gegeneinander ausgerechnet der änderungswilligen Frauen und Männer bindet, statt diese nach außen zu wenden.

Dem Schuldvorwurf begegnen wir in zweierlei Form:

Entweder geht er von Frauen aus und richtet sich an generell alle Männer („ihr Männer seid schuld an unserem Unglück"),

oder er geht von Männer aus und richtet sich an „die" Frau schlechthin („ihr Frauen habt uns zu dem gemacht, was wir sind; schuld seid ihr, unsere Mütter und Großmütter").

Doch taugt die Kategorie der Schuld hier überhaupt nicht. Für Abendländer ist es zwar typisch, nach dem oder der Schuldigen zu suchen – dies hängt vornehmlich mit unserer Religion zusammen, die eben schuld- und sündenorientiert ist –, aber mit Schuldzuweisungen wird nichts geändert. Interessanterweise werden selbst Analysen, die die gegenseitige Verhakung von Männern und Frauen aufzeigen, häufig mit dem „Schuld-Ohr" gehört, so daß es dann heißt: „Der will ja nur wieder uns Frauen die Schuld in die Schuhe schieben!" oder: „Ja, ja, das kennen wir schon: die armen Frauen! Nun sollen wir Männer es wieder gewesen sein!"

Ich habe mehrfach erlebt, wie diese Schuldvorwürfe Gespräche abgebrochen haben. Natürlich dürfen und sollen Verhakungen und Diskriminierungen, Machtausnutzungen und gegenseitiges Festlegen benannt werden. Das Denken in Schuldkategorien jedoch eignet sich dafür ganz und gar nicht. Solange ich davon überzeugt bin, daß der oder die andere schuld ist, löse ich mich mitnichten aus der gegenseitigen Verklammerung. Dann beklage ich mich zwar laut und führe Anklage, aber ich bewege und verändere nichts. Mit der alleinigen Pflege von Schuldvorwürfen verewige ich Machtverhältnisse, statt sie aufzubrechen – dauerhafte Veränderung setzt voraus, daß alle Teile ihre Mitwirkung am Geschehen erkennen und an der kreativen Neugestaltung beteiligt werden.

Bestehen überhaupt Chancen der Durchsetzung eines neuen Männerbildes?

Ausgehend von den letzten beiden Punkten, möchte ich nun fragen:

Bestehen überhaupt Chancen zur Durchsetzung eines neuen Männerbildes, einer neuen Männeridentität?

Ich glaube, grundsätzlich ja. Aber dazu ist ein zweifacher Druck notwendig, um das Interesse von wandlungswilligen Minderheiten aufrechtzuerhalten bzw. noch zu verstärken:

– erstens ein äußerer Druck durch die nicht nachlassenden Forderungen aus der Frauenbewegung (dies jedoch ist Sache von Frauen, dazu will ich hier keine inhaltlichen Bemerkungen machen),

– zweitens ein innerer Druck durch die Wahrnehmung eigener Unzufriedenheit *und* ihre Deutung als ein durch männliche Rollenfixierung erzeugtes Phänomen; die Unzufriedenheit und mangelnde Befriedigung, die Männer z. B. im Berufsleben erfahren, sollten sie nicht (jedenfalls nicht nur) als persönlichen Mangel erleben, sondern (auch) als Symptom einer grundsätzlichen Verengung der männlichen Lebensweise. Dann könnten auch endlich die unangenehmen Kosten für die Privilegien der „Herren der Schöpfung" ihnen selber deutlich werden.

Dieser zweifache Druck müßte dann zu einem zweifachen Veränderungshandeln führen:

– einmal zu politischem Tun, was aber auch heißt: enttäuschungsresistent zu werden, um nicht zu resignieren, falls zu viele Mißerfolge erzielt werden; man kann an ihnen ja auch wachsen,

– zum anderen zu persönlicher Arbeit im Sinne von „Bekehrung", Selbsterfahrung, Therapie, was aber auch heißt: Bearbeitung von Schmerz, Aufhebung von Projektionen (z. B. der Zuschiebung des eigenen Bösen auf „die" Frau), Bewältigung von Verzicht.

Politik haben Männer schon gelernt. Ob sie auch bereit sein werden, sich persönlichen Krisen auszusetzen?

Und die Rolle des Christentums?

Da wir in einer vom Christentum geprägten Gesellschaft leben, halte ich die Frage für wichtig, ob es die Veränderungen von Männeridentität bremst oder aber zu fördern vermag. Ich will es ganz ehrlich sagen: Im Moment sehe ich in der (amts)kirchlichen Praxis des Christentums eher

Zeichen dafür, daß es bremsend und verhindernd wirkt: das männliche Gottesbild, die männlich bestimmten und auf Männer zugeschnittenen Kirchenverfassungen (worin die katholische Kirche die protestantischen sogar noch übertrifft), das Marienbild, die Ehemodelle, die Sexualmoral usw. Andererseits aber löst(e) der christliche Glaube in seiner gesamten Geschichte immer wieder Bindungen und gesellschaftliche Traditionen auf, die sich selbst als „Gesetz" verstanden, zugunsten der Freiheit des Evangeliums. Nur so ist zu erklären, wie es zu den mittelalterlichen Armuts- und Frauenbewegungen kam (z. B. Franziskaner/innen sowie Beginen und Begarden), zum Widerstand von Theologen wie Friedrich Spee von Langenfeld gegen die Hexenverfolgung, zum Kampf von Christinnen und Christen gegen die Sklaverei, zu christlich motivierten Menschenrechtsbewegungen wie in Südafrika und Lateinamerika (samt ihren „Befreiungstheologien"), zur feministischen Theologie usw. Von all diesen Bewegungen und Menschen wurde die Umkehr den gesellschaftlichen Regeln vorgeordnet. Die Kraft des christlichen Glaubens, zu dieser Umkehr zu bewegen, ist ungebrochen. Sie muß sich aber – und dies gilt für den deutschsprachigen Raum erst recht – häufig genug gegen kirchliche Hierarchien entfalten. Aber dies ist vielleicht sogar ein Merkmal, das sie besonders qualifiziert: Mut nicht aus Haß, sondern aus kritischer Solidarität.

Brigitta Kreß

Der neue und der alte Mann

Gibt es Konstanten in der Entwicklung zum Mann?

Die Suche nach den Konstanten in der Entwicklung zum Mann beinhaltet auch die Frage nach den eigenen menschlichen Ursprüngen, nach archaischen Entwicklungsformen, nach den Anfängen unserer Existenz. Dabei werden wir uns von der Biologie, der Humanbiologie, der Ethnologie und Anthropologie nie so ganz entfernen, denn wir können die evolutionäre Kette, an deren Ende wir uns gerade befinden, nicht einfach hinter uns abtrennen. Wenngleich wir durch unsere Kultur und Zivilisation in kürzester Zeit einen enormen Abstand zu unseren haarigen Vorfahren geschaffen haben, sollten wir uns nicht für das Ziel aller evolutionärer Entwicklung halten. Diese Art menschlicher Anmaßung und Arroganz hat bereits bewirkt, daß wir mit relativ großer Wahrscheinlichkeit in wenigen Jahrzehnten ein rechtes Schlachtfeld hinterlassen werden.

Einige Wissenschaftler führen den unbeirrbaren Drang, die Natur zu beherrschen, sie dem Menschen untertan zu machen (und damit auch zu zerstören), auf spezifische Eigenheit der männlichen Psyche zurück. Sie meinen, daß es erst unter dem Patriarchat den Menschen nicht mehr ausgereicht hat, einfach nur satt zu sein. Ernest Borneman hat es einmal so ausgedrückt: „Die Frau als Gebärende ist die Urproduzentin. Als Nährende ist sie die Mutter der Zivilisation. Der Mann dagegen ist durch die Jahrtausende seiner Beschäftigung als Jäger und Fischer zum Ausbeuter der Natur, zum Raubtier par excellence geworden und wird noch Tausende von Jahren benötigen, ehe er jenes Maß an Zivilisation erreicht hat, das sich die Frau während der gleichen Zeit als Hüterin der Wärme, Erbauerin des Hauses, Beschützerin der Nachkommenschaft und Produzentin der Nahrung erworben hat" (1975, 61).

Auch die Theologin Dorothee Sölle kommt zu dem Ergebnis, daß es eine direkte Verbindung zwischen Wettrüsten und Männlichkeitswahn gibt. Ohne den aktiven Vormarsch der Frauen bzw. weiblicher Handlungsstrategien, so meint sie, würde es sehr unwahrscheinlich, daß wir das Jahr 2000 überhaupt noch erreichen.

Der Biologe Rainer Knußmann machte 1982 publik, daß der Mann „ein Fehlgriff der Natur" sei. Nach seiner Theorie ist das Y-Chromosom eine Mutation, ein unvollständiges, verkrüppeltes X-Chromosom, und alles, was es zur Folge hat, ist auf die Zerstörung des bisher Geschaffenen ausgerichtet.

Ich mag nicht recht glauben, daß die Natur überhaupt Fehler machen kann, aber auch nicht, daß sie mit der Entstehung des Mannes ihren eigenen Untergang gleich mitgeplant haben soll. Die Biologen Wolfgang Wickler und Uta Seibt schreiben dazu: „Evolutionsbiologisch gilt: Irrtümer, die der Vermehrung dienen, sind eben keine" (1983, 16). Und es ist wohl kaum zu bestreiten, daß Männer zumindest der Vermehrung dienen.

Vielleicht sind Mann und Frau einander an die Seite gestellt worden, um sich im Laufe der Menschheitsgeschichte in jeglicher Form aneinander zu reiben. Dabei kann jeder der beiden seine Waffen für den weiteren Überlebenskampf schärfen und gleichzeitig innerhalb dieser existentiellen Abhängigkeit vom anderen lernen, den Gegensatz zu akzeptieren und zu lieben, das Andersartige zu schätzen, die Variabilität und Vielfalt zu genießen, ohne von dieser Andersartigkeit sogleich soziale und gesellschaftliche Vor- bzw. Nachteile abzuleiten.

Wickler und Seibt beschreiben zum Beispiel auch, daß innerhalb der Gesetzmäßigkeiten zur Naturentstehung jede Statik, Konstante oder Gleichförmigkeit geradezu tödlich sein kann. Im Gegenteil: Anpassungsfähigkeit an sich ständig ändernde Lebensbedingungen, Vielfalt und Variabilität sind die Grundvoraussetzungen für die Entstehung und Weiterentwicklung allen tierischen und menschlichen Lebens. Wickler und Seibt schreiben: „Günstige Folgen hat die Variabilität aber auch noch in anderen Bereichen, unabhängig von Feinden und Parasiten. Aus dem Austausch genetischen Materials erwächst noch ein Vorteil, nämlich das Konservieren des Erreichten. Man stelle sich einmal vor, die gut angepaßte Ausgangsform fiele einem Unglücksfall zum Opfer – dann wäre sie für immer verloren. Wo aber Erbmaterial ausgetauscht wird [durch Sexualität], besteht die Möglichkeit, beschädigte Programmteile gegen unbeschädigt gebliebene auszuwechseln, also die ursprüngliche Form wieder herzustellen, falls sich diese als günstiger erweist. Das Austauschen von Erbmaterial wirkt in diesem Fall wie eine Pannenhilfe" (27).

Diese „Konservierung des Erreichten" findet sich nun natürlich auch bei der Entstehung eines Embryos wieder. Dem Menschen wird ein biologisch-anthropologisches Erbe zum Schutze seiner Art mit auf den Lebensweg gegeben: In den tiefliegenden, phylogenetisch älteren Gehirnteilen, dem Thalamus, sind ihm Erfahrungen über Gefahren und Freuden des Lebens mitgeliefert, die seine Jahrmillionen vor ihm lebenden Vorfahren für ihn erlebt und erlitten haben. Erfahrungen, die zu machen er selbst jedoch zuviel Zeit benötigen würde, denn um am Leben zu bleiben, muß er sie gleich nach der Geburt anwenden können. Das gilt z. B. für das instinktive Klammerbedürfnis eines Neugeborenen. Auch sind männlichen und weiblichen Babys die sogenannten Schlüsselreize angeboren. Einer davon ist das von Konrad Lorenz so benannte „Kindchenschema", welches bewirkt, daß Sympathie und das Bedürfnis nach Liebkosung beim Anblick eines großäugigen und pausbackigen Kindes bzw. einer diesem Schema entsprechenden Figur ausgelöst werden. Bei unserer Suche nach den Konstanten in der Entwicklung zum Mann begegnen uns nun diese Erbfaktoren zunächst als deutliche Konstanten. Es können jedoch durch perinatale soziale Einflußnahmen Reaktionszeitverschiebungen bewirkt werden. Das heißt bezüglich des Kindchenschemas z. B., daß kleine Mädchen darin bestätigt und ermutigt werden, mit ihren großäugigen Puppen und Kuscheltieren zu spielen, während diese den Jungen gegenüber als ein für sie ungeeignetes Spielzeug ausgegeben werden. Durch eine solche systematische Desensibilisierung bei manchen Jungen kann ein angeborener Schlüsselreiz unterdrückt und sogar derart eingeschränkt werden, daß sie als spätere Männer sich für die Pflege und Aufzucht ihrer eigenen Kinder nicht zuständig glauben und sich überfordert fühlen, weil sie nicht gelernt haben, die vom Kind ausgehenden Signale richtig einzuordnen und entsprechend zu erwidern. Solche Väter werden von ihren Kindern verunsichert, ihre ständige Nähe, die permanenten Forderungen und der erhöhte Geräuschpegel machen diese Männer nervös und manche sogar aggressiv, denn sie fühlen sich bedrängt und in ihrer persönlichen Entfaltung eingeengt oder sogar körperlich bedroht. In extremen psychischen Situationen (z. B. im Krieg oder bei Familienstreitigkeiten) sind Männer daher eher fähig, Babys und Kinder zu mißhandeln oder gar zu töten, als Frauen.

Wir sehen also: Aus einer angeborenen Konstanten wie dem Schlüsselreiz kann durch gezielte soziale Einflußnahmen in die eine oder andere Richtung innerhalb einer einzigen Lebensspanne eine Variable werden. Nur angeborene und soziale Komponenten gemeinsam bilden eine Handlungsrelevanz, ein Verhaltenskonzept aus. Die Natur macht uns, so könnte man annehmen, in Form der Anlagen recht gut gemeinte Angebote. Die soziale und historische Umgebung, in die wir hineingeboren werden, entscheidet dann, ob und in welchem Umfang diese Angebote angenommen und genutzt werden.

Bleiben wir noch eine Weile bei der biologischen Disposition des Mannes bzw. bei dem, was wir darüber wissen, und nehmen wir sie als Ausgangspunkt unserer Suche nach Konstanten.

Bereits während der Verschmelzung von Samen und Eizelle kann die Anwesenheit eines Y-Chromosoms eine Gefahr für das entstehende Leben bedeuten: Während alle anderen 22 Chromosomenpaare im Zellkern identisch sind, ist dieses 23. Pärchen unterschiedlich und deshalb wesentlich anfälliger für alle Formen falscher Erbinformation. Diese sitzt nämlich immer nur auf *einem* Paarling und kann bei allen anderen Paaren von der Erbinformation des unbefallenen und identischen Paarlings überspielt und wirkungslos gemacht werden. So können Erbfehler auf einem X-Chromosom völlig wirkungslos bleiben, weil das andere X-Chromosom dies ausgleichen und unschädlich machen kann. Aber nur Frauen haben zwei X-Chromosomen. Das Y-Chromosom des Mannes hat keinerlei „therapeutische", ausgleichende oder reparable Fähigkeit, es enthält lediglich die Information, wie aus Keimdrüsen Hoden gemacht werden. Das hat für das männliche Embryo eine Menge negativer Folgen: Über dreißig Erbkrankheiten befallen Männer wesentlich häufiger als Frauen, u.a. Bluterkrankheit, Kurzsichtigkeit, Farben- und Nachtblindheit, Albinismus, Herzklappenfehler und Netzhautablösung. Außerdem befinden sich auch solche Erbanlagen unter den X-Chromosomen, die die Widerstandsfähigkeit des gesamten Organismus mitbestimmen. Das erklärt, warum viele Männer physisch wesentlich anfälliger und widerstandsärmer sind als Frauen. Das Leben des männlichen Embryos ist also ausgesprochen gefährdet: Kommen nach der Befruchtung auf 100 weibliche Embryos noch etwa 130 männliche, so werden davon aber nur ca. 106 männliche Babys lebend geboren. Für diese gilt dann auch sogleich, daß ihr Sterberisiko im ersten Lebensjahr 33% über dem der Mädchen liegt und daß in den folgenden Jahren alle Krankheiten, die die Jungen befallen, wesentlich häufiger tödlich enden als bei Mädchen. Dies alles wegen des Y-Chromosoms, das eine ausgesprochen selektierende Aufgabe zu haben scheint und dessen einzige Erbinformation der Befehl an die Keimdrüsen ist: Baut einen Mann!

Die Keimdrüsen entwickeln sich daraufhin zu Hoden, und in diesen beginnt die Produktion des männlichen Geschlechtshormons, des Androgens Testosteron. Die Androgene, zu denen das Testosteron gehört, greifen nun in die Entwicklung von Gehirnteilen und in die Zellschaltungen ein und beeinflussen damit das Zwischenhirn in Richtung der Vermännlichung. Der Biologe Ekkehard Kloehn hat die Folgen daraus so ausgedrückt: „Jene Gebiete des limbischen und Zwischenhirnbereichs, die später Revierverhalten, Dominanzstreben, Wettkampfverhalten und körperlichen Einsatz mitbeeinflussen und motivieren, werden in der Fetalzeit unter dem Einfluß oder der Abwesenheit von Androgenen vorprogrammiert. Das heißt: Die Nervenzellen ihrer Muster werden bei Anwesenheit von Androgen so verschaltet, daß später männliche Verhaltensweisen leichter und daher öfter auszulösen sind als weibliche ... Die vorgeburtliche Einwirkung des Androgens auf die Gehirnentwicklung reicht nicht aus, um das subjektive Geschlecht vorauszubestimmen. Die prägenden Einflüsse der Umwelt entscheiden, ob sich das Kind als Junge oder Mädchen erlebt. Auch die spätere sexuelle Orientierung des Kindes ... wird nicht hinreichend vom vorgeburtlich wirkenden Androgen entschieden, sondern von der Erlebnis- und Erziehungsumwelt des Kindes ... Von der Anwesenheit von viel oder wenig oder der Abwesenheit von Androgen hängt es jedoch sehr wohl ab, ob alte Hirnbereiche im Limbischen System und im Zwischenhirn sich so entwickeln, daß das Lebewesen in bestimmten geschlechtstypischen Verhaltensweisen eher männlich oder eher weiblich reagiert ... Denn es entstehen unter Hormoneinfluß – Zeugungs-, Gebär- und Stillfunktionen ausgenommen – gar keine nur-männlichen oder nur-weiblichen Verhaltensmöglichkeiten, sondern nur Differenzen in der Auslösbarkeit der bei den Geschlechtern vorhandenen Reaktionsmuster" (1982, 153 ff.).

Wieder finden wir hier das Prinzip der natürlichen Vorgabe von Anlagen und Möglichkeiten sowie der sozialen Nutzung bzw. Manipulation dieser Möglichkeiten.

Was nun das Testosteron angeht, so kann man dieses Hormon als Lust- und Aggressions-Hormon bezeichnen. Männer haben etwa fünfmal soviel davon im Blut wie Frauen, selbstverständlich mit individuellen Schwankungen. Frauen gleichen dies mit dem entsprechenden Östrogen- bzw. Progesterongehalt aus. Tests haben ergeben, daß bei Männern und Frauen durch eine Erhöhung des Testosteronspiegels die gleiche Wirkung erzielt wird: Beide werden aggressiver, kämpferischer und angriffslustiger, aber auch sexuell schneller erregbar. Bei einer künstlichen Erhöhung des Östrogenspiegels hingegen ist bei Männern und Frauen der umgekehrte Effekt erzielt worden: Sie wurden sanftmütiger und zeigten eher ein sexuelles Desinteresse. Rainer Knußmann bezeichnet das Testosteron als ein unreifes Hormon, das Östrogen hingegen als ein ausgereiftes. Testosteron sei entwicklungsmäßig nur eine Vorstufe zum Östrogen. Trotzdem sind diesen beiden Hormonen allein nicht nicht alle Auswüchse geschlechtstypischen Extremalverhaltens anzulasten. Ihre Wirkung auf unseren Körper und unsere Psyche entläßt uns nicht aus der sozialen Verantwortung. Aggressionsbereitschaft muß erst einmal geweckt werden, z. B. durch militärischen Drill. Auch sexuelle Erregbarkeit kann ausgelöst werden, um sie z. B. für sexistische Konsumwerbung auszunützen.

Die genetische und hormonelle Disposition des Mannes habe ich nun kurz umrissen, nicht ohne darauf hinzuweisen, wie sensibel diese Angebote der Natur auf Außeneinflüsse reagieren können und, um die Überlebenschance zu erhöhen, auch *müssen*.

Bei der Geburt eines männlichen (natürlich auch eines weiblichen) Babys begegnen wir der wahrscheinlich einzigen wirklichen Konstante in seiner Entwicklung: Es wird nämlich von einer Frau geboren. Aber auch das ist bald Nostalgie: Es ist nur noch eine Frage der Zeit, wann der – bei der Zeugung „in vitro" heute noch gegebene – „Risikofaktor Leihmutter" ausgeschaltet wird, denn wie die neuesten Nachrichten aus USA vermelden, ist die vollständige Maschinengeburt bald Realität. Einerseits wird der Zeitraum immer länger, in dem man einen Embryo in der Petri-Schale weiterwachsen lassen kann (bis zu 9 Wochen, rühmen sich englische Wissenschaftler), andererseits ist man jetzt so weit, daß Frühgeborene nach nur 22 Wochen mit weniger als 700 g Geburtsgewicht gute Überlebenschancen haben. Die beiden Wissenschaftszweige nähern sich also von zwei Seiten der künstlichen Machbarkeit des Menschen. Innerhalb einer Generation, so schätzen US-Experten, haben sie die restlichen 9 Wochen bis zur vollständigen extra-uterinen Schwangerschaft überwunden und sind zu einem Forschungsgebiet zusammengewachsen. Nicht auszudenken, was geschieht, wenn sich dann auch noch die klonende Gen-Technologie dazugesellt. Als ob es nicht dringendere Aufgaben in dieser Welt zu lösen gäbe, verbeißen sich die meist männlichen Forscher in diese „Herausforderung der Natur". Der Gedanke, daß es ein wirkliches Geschenk ist, Kinder zu haben – und vielleicht sogar noch gesunde –, ist ihnen fremd, geschweige denn, daß sie diesen Gedanken auch den kinderlosen Ehepaaren nahebrächten. Was technisch machbar ist, wird auch durchgezogen: Ob Kernspaltung oder Menschenproduktion, es gibt anscheinend weder moralische noch ethische Hemmungen, wenn es Männern darum geht, gottähnlich zu werden, Schöpfer zu spielen.

Durch die fieberhaften Anstrengungen der männlichen Forscher soll die Fähigkeit der Frau, Kinder zu gebären, zwanghaft nivelliert werden. Meine persönliche Theorie dazu ist, daß sich der Gebärneid der

Männer längst als gegenstandslos erwiesen hätte, wenn sie ihre Aufmerksamkeit einmal den Mysterien ihrer eigenen Fruchtbarkeit, nämlich der Zeugungsfähigkeit, zuwenden würden. Viele unterschätzen die Bedeutung, die diese ihnen mitgegebene Fähigkeit für das werdende Leben hat. Für die meisten Männer endet deshalb ihre Beteiligung an der Fortpflanzung – und ihre Beteiligung an der Verantwortung – mit dem Geschlechtsakt (vgl. Döhring/Kreß, 1986).

Begleiten wir jedoch noch eine Weile die Entwicklung des männlichen Babys, das in meinen Betrachtungen gerade auf altmodische Weise das Licht der Welt erblickt hat.

„Was tun Sie", wurde Herr K. gefragt,
„wenn Sie einen Menschen lieben?"
„Ich mache einen Entwurf von ihm", sagte Herr K.,
„und sorge, daß er ihm ähnlich wird."
„Wer? Der Entwurf?"
„Nein", sagte Herr K., „der Mensch."

Dieses Zitat von Bert Brecht verdeutlicht, was die Pädagogik und die Sozialwissenschaften unter „Sozialisation" verstehen. Der „Entwurf" für das Neugeborene, das mit nach außen liegenden Geschlechtsorganen zur Welt kommt, sieht nun völlig anders aus als der für das Baby, das mit nach innen liegenden Geschlechtsorganen geboren wird. Nennen wir sie Entwurf A und Entwurf B. Allein dieses Körpermerkmal ist entscheidend dafür, wie das Kind genährt, gewickelt, gestreichelt und angesprochen wird, welches Spielzeug es benutzen wird, was es können soll und was nicht, was von ihm erwartet wird, wie es sich fühlen darf, wie es mit anderen umgehen soll und umgehen wird – und vieles mehr.

Die Frau, die gerade einen Sohn geboren hat, wird, wenn sie sich traditionell rollengehorsam verhält, glücklich sein, daß sie einem Mitglied des „starken Geschlechts" das Leben schenken durfte, auch wenn alle medizinischen Daten, wie wir schon an anderer Stelle gehört haben, gegen die Behauptung sprechen, daß dieses Geschlecht „das starke" sei. Vielleicht empfindet sie emotional etwas Ähnliches wie das, was Sigmund Freud so ausgedrückt hat: „Eine Frau wird erst durch die Geburt eines Sohnes von einem körperlich imperfekten Wesen zu einem perfekten." Sicherlich sprach Freud damit für die patriarchalische Familienstruktur der bürgerlichen Epoche, die ja noch keineswegs versunken ist.

Auf welche Weise wird nun aber der vorhin genannte „Entwurf" A über dieses blütenweiße junge Leben gestülpt, das rein zufällig mit nach außen liegenden Geschlechtsorganen geboren wurde? In Erwartung eines bestimmten geschlechtstypischen Verhaltens, welches man während der eigenen Lebensspanne erlebt und erfahren hat, wird Wahrnehmung auf diesem Gebiet geprägt. Es liegt viel Wahrheit in dem Spruch: „Man sieht nur, was man weiß." Die Wahrnehmung junger Mütter und Väter ist in ihrer Freude und tiefen Emotionalität besonders sensibel gegenüber jeder Äußerung des Babys. Eine amerikanische Untersuchung aus dem Jahre 1976 verdeutlicht, was ich mit dieser selektiven Wahrnehmung meine: 200 Studenten sollten ein 9 Monate altes Kind in vier verschiedenen Situationen beobachten und sein Verhalten beurteilen. Der einen Hälfte der Studenten wurde das Kind als Junge, der anderen als Mädchen vorgestellt. Die Versuchspersonen schrieben dem Kind nunmehr Gefühl und Verhaltensweisen zu, die sie aus der jeweiligen, vermeintlichen Geschlechtszugehörigkeit des Kindes ableiteten. So erschien es, wenn es schrie, denjenigen ärgerlich und wütend, die es für einen Jungen hielten, denjenigen dagegen erschien es erschrocken und ängstlich, die es für ein Mädchen hielten.

Auch mütterliches und väterliches Pflege- und Erziehungsverhalten wird durch diese „Wahrnehmungsbrille" gefiltert und schon früh in eine vorbestimmte Richtung gedrängt. Dabei ist es sekundär, welche Disposition das Kind von sich aus für sein Verhalten mitbringt.

Es gibt auch immer wieder zitierte Einzelfallbeispiele dafür, was denn nun geschieht, wenn die Entwürfe A und B versehentlich vertauscht werden. Beispielsweise wurde durch einen chirurgischen Mißgriff während der Beschneidung eines Zwillingspaares das Glied eines der beiden Säuglinge zerstört. Auf Anraten der Ärzte wurden seine Geschlechtsorgane nun operativ verweiblicht, und das Kind wurde daraufhin statt als Junge als Mädchen erzogen. Das von seinem Erbgut eigentlich zum Jungen bestimmte Kind entwickelte unter der Erziehung seiner Eltern und seiner Umwelt ein subjektives weibliches Wesen und Empfinden, und es unterschied sich deutlich von den Eigenheiten seines Bruders. Das Mädchen war stets sauber, sittsam und ordentlich und hatte Freude an schönen Kleidern und Frisuren. Trotzdem beklagte ihre Mutter ständig ihre jungenhaften Verhaltensweisen, ihre Dominanz in den Mädchengruppen, ihre Leidenschaft für wilde Spiele und ihre große Risikobereitschaft.

Es ist also nicht so, daß wir als gänzlich unbeschriebenes Blatt zur Welt kommen, dem die Entwürfe einfach nur aufgestempelt werden; wir haben an diesem Beispiel auch gesehen, daß diese Entwürfe die jeweilige geschlechtliche Vorgabe der Natur in kulturelle Gebrauchsformen hinein extremalisiert. Die kanadische Sozialpsychologin Esther Greenglass schreibt dazu: „Durch den Prozeß der selektiven Verstärkung kann die Persönlichkeit im Verlauf der Sozialisierung so geformt werden, daß sie den Erwartungen der Gesellschaft entspricht. Damit wird natürlich den biologischen Faktoren, deren Beitrag zur Persönlichkeit vielleicht nicht immer so deutlich sichtbar ist, nicht jedes Gewicht abgesprochen“ (1986, 52).

Selbst wenn es die geschlechtsneutrale Erziehung gäbe, blieben noch immer genügend Restunterschiede im kindlichen Verhalten und Empfinden, die seine Geschlechtszugehörigkeit verdeutlichen würden. „Entwürfe“ bzw. Rollenvorschriften extremalisieren nicht nur die vorhandene Geschlechtszugehörigkeit, sie setzen gleichzeitig auch Grenzen, engen Möglichkeiten zwanghaft ein und beschränken die Wahrnehmung. Kinder, die mit weniger strengem Rollendiktat erzogen werden, haben deutliche Entwicklungsvorsprünge den anderen gegenüber: Ihr Verhaltens-, Fühlens- und Empfindensspielraum wird in Richtung auf das andere Geschlecht voll ausgenutzt, dadurch können Fähigkeiten und Talente frühzeitig erkannt und gefördert werden. Untersuchungen zum Thema Rollengehorsam und Intelligenz geben Aufschluß über die negativen Auswirkungen eines „Rollenkäfigs“: Die Studie von Sandra Lipsitz Bem aus dem Jahre 1982 besagt ganz eindeutig, daß diejenigen Männer, die besonders männlich denken und handeln, auch einen entsprechend niedrigeren Intelligenzquotienten aufweisen als andere. Außerdem zeigt sich bei ihnen ein vermindertes Selbstwertgefühl und, damit verbunden, eine erhöhte Angstbereitschaft. Bezüglich der von ihr untersuchten Kinder schreibt die Autorin: „Hinzu kommt, daß schnellere geistige Entwicklung durchweg mit dem verstärkten Auftreten von geschlechtsübergreifenden Merkmalen (Männlichkeitswerte bei Mädchen, Weiblichkeitswerte bei Jungen) korreliert. Jungen mit hohen Männlichkeitswerten und Mädchen mit hohen Weiblichkeitswerten zeigen in Tests häufig eine geringere Allgemeinintelligenz, geringeres Raumorientierungsvermögen, und sie zeigen geringere Kreativität“ (1982, 14).

Es scheint also wiederum so zu sein, daß diese Kombination von Veranlagung plus extremalisierende Zuschreibung gerade für Jungen eine besondere Gefahr mit sich bringt. Schon als Säuglinge sind sie stör- und streßanfälliger als die Mädchen, und sie zeigen meist eine größere Irritabilität, die ihre Gehirnentwicklung beeinträchtigt.

So gibt es beispielsweise mehr männliche Gehörlose als weibliche, dreimal mehr sprach- und lernbehinderte Jungen als Mädchen, und das gleiche gilt für Verhaltensstörungen jeglicher Art. Nach amerikanischen Statistiken wird Schizophrenie um ca. 42% häufiger bei Jungen als bei Mädchen diagnostiziert, und auf 100 Mädchen kommen daher 150 Jungen, die in psychiatrischen Kliniken behandelt werden müssen. Autismus, die schwerste Form psychischer Störung, kommt drei- bis viermal häufiger bei Jungen vor als bei Mädchen.

Auch die Pubertät ist für einen Jungen mit größeren Belastungen verbunden als für ein Mädchen, denn seine Entwicklungsschübe treten sehr viel abrupter ein, und darauf ist er obendrein noch viel schlechter vorbereitet. Die bereits erwähnte Stör- und Streßanfälligkeit bei Jungen, die sie vom Babyalter an begleitet, korreliert mit der größeren Reizbarkeit und Aggressionsbereitschaft. Eine Voraussetzung dafür scheint der bereits erwähnte fünfmal höhere Testosteronspiegel im Blut des männlichen Menschen zu sein. Hinzu kommt allerdings der soziale Faktor, daß nämlich aggressives Verhalten von Jungen wesentlich eher verstanden und akzeptiert wird als bei Mädchen und dadurch oft unbewußt gefördert oder zumindest toleriert wird. Ekkehard Kloehn schreibt dazu: „Wir wissen heute, daß sich aggressives Verhalten erlernen läßt, aber Jungen bringen dafür eine höhere Lernbereitschaft mit als Mädchen“ (64).

Vielleicht sind wir beim Thema Aggression einer möglichen Konstante relativ nahe, denn dies scheint ein echtes kulturübergreifendes Phänomen zu sein. Die Psychologin Dorothee Bierhoff-Alfermann hat 1977 eine vergleichende Untersuchung angestellt und konnte darin für alle Erdteile feststellen: „Daß Jungen und Männer aggressiver sind als weibliche Personen, gehört zu den gesichertsten Erkenntnissen der Forschung über Geschlechtsunterschiede“ (in: E. Kloehn, 63)

Die Toleranz dieser Wesensart scheint kulturübergreifend zu sein, vielleicht aus dem archaischen Wissen heraus, daß nur mit dieser Aggression eine menschliche Gruppe ihre Nahrungsgrundlage verteidigen kann. Esther Greenglass bezieht sich auf eine ältere, aber einzigartige US-Studie, wenn sie schreibt: „Ein weiteres wichtiges Lernprinzip ist dasjenige des Beobachtungslernens, auch stellvertretendes Lernen oder Nachahmungslernen (Modell-Lernen) genannt. Bandura und seine Mitarbeiter haben das Beobachtungslernen in vielen Experimenten untersucht und gezeigt, daß Kinder beispielsweise viele neue aggressive Verhaltensweisen lernen, indem sie das entsprechende Verhalten eines Modells beobachten. Man nimmt an, daß viele Verhaltensweisen der Kinder sich aus der Beobachtung des gleichgeschlechtlichen Elternteils ergeben“ (43).

Noch immer auf der Suche nach Konstanten, wollen wir den Lebensweg des männlichen Kleinkindes und seine enge soziale Umgebung weiterverfolgen.

Innerhalb der traditionellen Kleinfamilie ist ja nach wie vor die Mutter die erste und dominante Bezugsperson für das Kind, während der Vater seiner (besser bezahlten) Erwerbstätigkeit nachgeht. Oft wird die Frage gestellt, warum denn ausgerechnet die Mütter, die ja letztlich unter dem Rollendiktat zu leiden haben, weil sie das unterdrückte und rechtlose Geschlecht der Frauen repräsentieren, genau diese Rollenvorschriften bei der Erziehung ihrer Söhne weitergeben. Ein wesentlicher Grund dafür liegt in der Möglichkeit für sie, soziale Anerkennung durch die rollengerechte Erziehung des Sohnes zu erhalten. Nach außen hin kann die Mutter nun beweisen, daß sie die Regeln des sozialen Zusammenlebens befolgt und unter allen Bedingungen weiterzugeben bereit ist. Hierdurch sichert sie ihren Status und ihre lebenswichtige soziale Anerkennung ab. Nach innen, für sich ganz allein, beweist ihr der Sohn, der ein „richtiger Mann" werden soll, daß sie ihre eigene Unterdrückung und Unfreiheit in dieser Männerwelt nicht selbst verschuldet haben kann. Ihre Erfahrungen mit Männern erscheinen ihr also schicksalhaft und sind unausweichlich über sie hereingebrochen. An ihrem Sohn meint sie zu erkennen, daß männliches Verhalten angeboren, natürlich ist. Wie uns das Beispiel der Studie mit den 200 Studenten bereits gezeigt hat, ist dieses „Erkennen" das Ergebnis einer subjektiven selektiven Wahrnehmung, und es verhilft in diesem Fall der Mutter dazu, daß sie unbewußt die Unterdrückungsmechanismen an ihren Sohn weitergibt, unter denen sie selbst, durch andere Männer, zu leiden hat (vgl. B. Kreß, Söhne und Mütter, in: H. Bonorden, 1985).

Nun hat sich jedoch das starre Stereotyp im Rollendenken vieler Frauen seit Jahren zum Glück deutlich geändert. Soziale Anerkennung müssen die Frauen heute nicht mehr allein aus ihrer Mutterschaft beziehen, und das Bewußtsein vieler Frauen ist dahingehend geschärft worden, daß ihnen die Gefahren für einen rollenorientiert lebenden Sohn gegenwärtig sind. Die Frauen haben gelernt loszulassen, das heißt, nicht mehr ihre gesamte weibliche Identität über ihre Mutterschaft zu definieren. Dadurch konnten aber auch die Söhne loslassen – ein Loslassen mit gleichzeitigem neuem Zueinanderfinden. Während nämlich bei der traditionellen Mutter-Sohn-Verklammerung der Sohn sich zwanghaft gegenüber den mütterlichen und damit weiblichen Eigenschaften der Mutter desidentifizieren mußte, um seine männliche Identität als eine Anhäufung von gegensätzlichen Eigenschaften zu ihr aufzubauen, kann sich bei einer gelockerten, entkrampften, nicht von gegenseitiger Abhängigkeit geprägten Mutter-Sohn-Beziehung eine männliche Identität entfalten, die um Qualitäten erweitert ist, die man herkömmlich nur bei Frauen toleriert hat. Dem Jungen braucht es nun nicht mehr peinlich zu sein, wenn er in einigen Dingen seiner Mutter ähnelt. Hier gilt dann eine ähnliche Entwicklungsförderung wie bei der annähernd geschlechtsneutralen Erziehung, mit den gleichen Ergebnissen, wie wir sie bei der Untersuchung von Sandra Lipsitz Bem erlebt haben.

Das Verhalten und die Rolle des Vaters in der Familie haben eine ebensogroße Bedeutung für den Sohn wie das entsprechende Verhalten der Mutter. Die erzieherische Aufgabe des Vaters als gleichgeschlechtliches soziales Vorbild ist lange Zeit unterschätzt worden. Traditionell war er das einzige anerkannte Identifikationsobjekt, ihm zu ähneln war eine Auszeichnung für den Sohn. Als solches Identifikationsobjekt hat sich der Vater jedoch nur allzuoft entzogen, entweder durch eine zeitaufwendige außerhäusliche Erwerbstätigkeit oder durch den Kriegsdienst. Zurück ließ er meist einen identifikationsausgehungerten Sohn, der sich aller möglichen Substitute bedienen mußte und in dessen Phantasie das Bild vom Vater und Vatersein mit allen aufgestauten Macht-, Ohnmachts- und Allmachtsbedürfnissen gefüllt wurde. Väter, die sich ihren Söhnen als Partner für Auseinandersetzungen angeboten haben, an denen die Söhne sich abarbeiten konnten (im psychoanalytischen Sinne), um zu einer eigenen reifen Identität zu finden, Väter, in denen Söhne auch Schwächen, die eigenen und die, die immer als „weibisch" abgetan wurden, wiederfinden konnten, solche Väter waren bis vor wenigen Jahrzehnten nur selten zu finden. Aber diese „Väter zum Anfassen" nehmen statistisch erkennbar zu, noch stärker nimmt die intellektuelle Einsicht der Männer zu, daß „Väter zum Anfassen" die besseren Väter sind.

Daß nur knapp 10% aller werdenden Väter das Angebot eines mehrmonatigen Vaterschaftsurlaubs annehmen, ist ein Zeichen dafür, wie verwurzelt und lange tradiert das Vorurteil über die emotionale und praktische Inkompetenz der Männer bei der Aufzucht ihrer Nachkommen ist. Hinzu kommen mangelnde Kooperation der Arbeitgeber und, innerhalb der Familie, die Sorge der jungen Mütter, einen wichtigen Kompetenz- bzw. Identifikationsbereich aus der Hand genommen zu kriegen. Ihnen kommt die Angst ihrer Männer ganz gelegen, sich durch den intensiven Kontakt zum Kind in eine emotionale Abhängigkeit zu begeben, Gefühle an sich zu entdecken und aufleben zu lassen, deren sie nicht Herr werden können. Wir erinnern uns an dieser Stelle an die systematische Unterdrückung der artgerechten Reaktion eines Jungen auf das Lorenzsche „Kindchenschema".

Der Psychotherapeut Herb Goldberg bezeichnet Gefühle sogar als den eigentlichen „Schrecken" des Mannes. Das Verhalten vieler heutiger Männer sei dem von autistischen Kindern sehr ähnlich, die ja eine extreme Abwehrhaltung gegenüber jeglicher menschlicher Berührung zeigen, gleichzeitig aber von unbelebten Objekten fasziniert sind.

Folgen wir weiter der Entwicklung eines heranwachsenden Jungen zum Mann, immer mit dem suchenden Blick auf mögliche Konstanten, so verfolgt uns eine durch alle Wissenschaftsgebiete gut abgesicherte Tatsache: Die höhere organische Anfälligkeit des männlichen im Vergleich zum weiblichen Menschen. Seine durch Anlagen und hinzukommende Übung stärkere Muskelproduktion scheint deshalb dem Schutzbedürfnis des Körpers zu genügen, sich dieser Anfälligkeit zu erwehren. Da dazu noch die erhöhte Aggressionsbereitschaft kommt, ist die Taktik „Angriff ist die beste Verteidigung" durchaus kein Klischee mehr.

In einer großangelegten Untersuchung über die unterschiedlichen Fahrweisen im Straßenverkehr zwischen Männern und Frauen wurden physiologische Messungen mit Großcomputern durchgeführt. Den männlichen Versuchspersonen wurde dabei, was eigentlich zu vermuten war, ein hohes Aggressionspotential und eine starke Vorwärtsverteidigung nachgewiesen. Während Frauen in kritischen Situationen das Gas wegnehmen, geben die meisten Männer noch zusätzlich Gas, „selbst wenn ihnen der Angstschweiß schon auf der Stirn steht", heißt es im Untersuchungsbericht.

Bei der Neigung zur Vorwärtsverteidigung geht anscheinend der Schuß allzuoft nach hinten los, denn auch bei den Erwachsenen bietet die Bilanz der geistig-körperlichen Insuffizienzen des Mannes ein erschreckendes Bild. Herb Goldberg zählt die Statistiken über chronische Krankheiten mit tödlichem Ausgang so auf: „Danach sterben Männer vier- bis fünfmal häufiger an Bronchitis, Emphysemen und Asthma als Frauen. Tod durch kardiovaskuläre Krankheiten und Leberzirrhose sind doppelt so häufig. Der Tod durch Hypertonie liegt bei Männern um 40%, durch Lungenentzündung und Grippe um 64 Prozent und durch Arteriosklerose um 20 Prozent höher als bei Frauen. Tuberkulosekliniken haben 150 Prozent und Kliniken für chronische Krankheiten 50 Prozent mehr männliche Patienten als weibliche. Eine Statistik des Krebstodes aus dem Jahre 1973 zeigt, daß bei dieser Krankheit die jährliche Sterberate der Männer um 40 Prozent höher liegt, bei bestimmten Organen sogar noch darüber. Auf der psychiatrischen Ebene bietet sich ein ganz ähnliches Bild. Im Kampf mit emotionalen Problemen weigert sich der Mann in der Regel, beim Fachmann oder bei Freunden Hilfe zu suchen. Bis zu seinem Zusammenbruch beharrt er meist sogar darauf, er habe gar keine Probleme, aber in diesem Prozeß der Unterdrückung seiner Gefühle braucht er seine Kräfte zu rasch auf" (144).

Goldberg weist hier bereits auf das größte, durch die traditionelle Rollenerziehung ausgelöste Handicap hin, das sich durch alle Lebensaltersphasen des Mannes verfolgen läßt: die Unfähigkeit, um Hilfe zu bitten. Durch sie schneiden sich viele Männer den Rückzug selbst ab und gehen unnötige Gesundheitsrisiken ein. Aber auch enge soziale Bindungen können durch diesen Vertrauensverlust gestört werden oder erst gar nicht entstehen. Goldberg schreibt diesbezüglich: „Seine Weigerung, um Hilfe zu bitten, zerstört leicht seine Beziehungen zu Freunden, zu seiner Frau, zu den Kindern. Wenn sie ihn lieben, so denkt er, dann wissen sie auch, was er braucht, sie werden seine Wünsche intuitiv erraten, ohne daß er sie erst äußern muß. Im stillen verübelt er es ihnen, wenn sie es nicht tun. Er brütet vor sich hin und wendet sich noch mehr von ihnen ab. ‚Keiner kümmert sich um mich, alle wollen mich nur ausnutzen', sagt er sich ... Das Tragische an der Unfähigkeit des Mannes, um Hilfe zu bitten, ist, daß er sie am meisten braucht" (46).

In dieses Bild passen nun auch die Daten über die Selbstmordraten. Danach sind es dreimal soviel Männer wie Frauen, die ihrem Leben ein vorzeitiges Ende setzen wollen. Nunmehr ist es auch nicht länger verwunderlich, daß die Lebenserwartung der Männer nach der neuesten Statistik dieses Jahres um 6,6 Jahre hinter der der Frauen zurückbleibt (77,8 bzw. 71,2 Jahre).

Ob nun die Anforderungen der Berufswelt härter sind als die der Kinderversorgung im Haushalt, sei hier einmal dahingestellt. Aber eines ist sicher: Ob im Beruf, in der Freizeit oder im Privatbereich – Männer treten, allen Belastungen zum Trotz, auch noch gegeneinander an. Das Thema Männerrivalität ist uralt, und auch dies zieht sich durch die Biologie, Humanbiologie, die Anthropologie, die Geschichte und die Gegenwart, nicht nur in den Chefetagen, sondern auch bei den Kumpels in der Grube. Auch hier nähern wir uns wieder der Möglichkeit, einer Konstanten zu begegnen. Rein biologisch sieht der Ursprung für Männerrivalität so aus: „Das Zahlenverhältnis der Geschlechter wird sich immer so einspielen, daß es effektiv zu viele Männchen gibt.

Mit dem Geschlechterverhältnis von fünf Männchen zu fünf Weibchen entstehen nur halb so viele Nachkommen, wie sich mit einem Verhältnis von zehn Weibchen zu einem Männchen erzeugen ließen. Deshalb können Männchen ihren Fortpflanzungserfolg steigern, wenn sie andere Männchen an der Fortpflanzung hindern, entweder indem sie Rivalen abdrängen und bekämpfen, oder indem sie sie in der Werbung um Weibchen übertrumpfen. Unter Männchen besteht unausweichlich eine starke Konkurrenz um Weibchen (nicht aber umgekehrt eine Konkurrenz unter Weibchen um Männchen)" (Wickler/Seibt, 150).

Wesentlich drastischer und engagierter äußert sich Rainer Knußmann: „Aggression und Rangstreben der Männer richten sich heute meist gegen die eigenen Geschlechtsgenossen. Denn mit seinen unfreundlichen Eigenschaften ist es dem mißratenen Ableger längst gelungen, den eigentlichen Menschen zu unterwerfen. Nur selten läßt er ihn dazu kommen, im Berufsleben mitzureden. So nimmt in allen Berufssparten mit steigendem Rang der Anteil der Frauen ab ... Der Mann ist es denn auch seit eh und je, der Kriege führt. Die hohe menschliche Intelligenz ohne entsprechende moralische Entwicklung gibt ihm die Möglichkeit, seine Art in den Untergang zu treiben. Er scheint sich mit der Unterjochung des wahren Menschen, der Frau, nicht zu begnügen, sondern er ist drauf und dran, ihn mitsamt sich selbst auch noch auszurotten" (92 und 95).

Und so gibt es immer wieder Situationen, in denen das Überleben einer großen Gruppe nur durch den engen Zusammenhalt von Männern gesichert werden konnte. Die altsteinzeitlichen Jäger z. B. konnten nur in der Männergruppe Jagd auf große Beutetiere machen und damit Nahrungsreserven für eine längere Periode sichern. Häufig blieben sie monatelang vom Lager der Frauen und Kinder fort, um gemeinsam nach neuen Lebensräumen Ausschau zu halten. Grundvoraussetzung für das Gelingen dieser Aufgabe war natürlich auch eine Fähigkeit zur Bindung und Beziehung untereinander, die in späteren Kulturen durch Mutproben und Vertrauensbezeugungen, nicht immer ganz unblutig, ritualisiert wurden. Freundschaften unter Männern, echte, tiefe, vertraute und langjährige, sind ausgesprochene Einzelfälle. Der Psychotherapeut Daniel Levinson hat in seiner Untersuchung dazu festgestellt: „In unseren Interviews fiel die Freundschaft vor allem durch ihr Fehlen auf ... Wir müssen verstehen lernen, warum echte Freundschaft so selten ist und welche Folgen dieser Mangel für das Erwachsenenleben hat" (455).

Auf den ersten Blick hat sich also seit den altsteinzeitlichen Jägern noch nicht besonders viel geändert: Noch immer ist eine Männerfreundschaft dann am stabilsten, wenn die Freunde ein gemeinsames Ziel verfolgen, etwa ein Auto reparieren oder den gegnerischen Verein besiegen. Das Beisammensein zwischen Männern muß immer einem ganz bestimmten Sachzwang genügen. Sich wirklich aufeinander zu beziehen hieße vielleicht auch Zuwendung aufkommen lassen und Gefühl füreinander hegen. Nun haben die meisten rollenorientierten Männer aber gelernt, daß sie positive intensive Gefühle eigentlich nur im engen Zusammenhang mit Sexualität äußern dürfen und auch nur dann ein Recht auf Zärtlichkeit haben, wenn das Ziel die heterosexuelle Vereinigung ist. Jegliche Art der Annäherung, der geistig-körperlichen Zuneigung zwischen Männern wird unter dem Fallbeil des Tabus der Homosexualität bereits in seinen Anfängen zerstört. Die ganze Vielfalt von qualitativen Abstufungen in Männerfreundschaften wird durch dieses Tabu abgeblockt und bleibt für die meisten Männer deshalb unerlebt. Und es bleibt wohl auch Spekulation, wieviel von der Aggressionsbereitschaft übrig bliebe, wenn das Erleben echter Männerfreundschaft und Solidarität in den alltäglichen psychosozialen Strukturen seinen Platz haben könnte.

Aus Rivalen Freunde werden lassen, aus Männern Menschen und aus den scheinbaren Konstanten in ihrer Entwicklung eine lebendige Variabilität, das mag eine weibliche Idealvorstellung sein. In den Genuß ihrer allmählichen Realisierung werden wohl frühestens meine Enkelinnen und Enkel kommen, sofern bis dahin der männliche Imperativ der zwanghaften Naturbeherrschung ihre Lebensgrundlagen nicht völlig zerstört hat.

Ich möchte die Ergebnisse unserer Suche nach den Konstanten in der Entwicklung zum Mann bewußt nicht zusammenfassen, denn das wäre eine Verkürzung von sehr komplexen Zusammenhängen, aus denen ich versucht habe, einige Bruchstücke wiederzugeben.

Statt dessen möchte ich schließen mit einem Zitat des Philosophen Herbert Marcuse. Er schrieb: „Das Vermögen rezeptiv, passiv zu sein, ist eine Vorbedingung von Freiheit: es bezeichnet die Fähigkeit, die Dinge in ihrem eigenen Recht zu sehen, die ihnen einbeschriebene Freude zu erfahren, die erotische Energie der Natur – eine Energie, die befreit werden will. Diese Rezeptivität ist selbst der Boden des Schöpferischen – sie bildet den Gegensatz nicht zur Produktivität, sondern zur zerstörerischen Produktivität" (Almanach 11,16).

Literatur

Almanach 11 für Literatur und Theologie, Wuppertal 1977

Bonorden, Heinz, Was ist los mit den Männern? München 1985

Borneman, Ernest, Das Patriarchat, Frankfurt 1975

Döhring, Bärbel/Kreß, Brigitta, Zeugungsangst und Zeugungslust, Darmstadt 1986

Greenglass, Esther, Geschlechtsrolle als Schicksal, Stuttgart 1986

Goldberg, Herb, Der verunsicherte Mann, Reinbek 1979

Kloehn, Ekkehard, Typisch weiblich? Typisch männlich? Hamburg 1982

Knußmann, Rainer, Der Mann - Ein Fehlgriff der Natur, Hamburg 1982

Kreß, Brigitta, Der Neue Mann, München 1983

Lipsitz Bem, Sandra, Die Harten und die Zarten, Weinheim 1982

Levinson, J. Daniel, Das Leben des Mannes, München 1979

Sölle, Dorothee, Ein Volk ohne Vision geht zugrunde, Wuppertal 1986

Wickler, Wolfgang/Seibt, Ute, Männlich - Weiblich, der große Unterschied und seine Folgen, München - Zürich 1983

Wilfried Wieck

Männer lassen lieben

Zur Psychoanalyse des Mannes und der Liebe

Den typischen Mann unserer Kultur erkennen wir daran, daß er bestreitet, in irgendeiner Weise typisch zu sein. Er hält sich für einzigartig. Darin ist er typisch. Typisch männlich. Und darin, daß er nicht persönlich wird. Er äußert sich allgemein und erzählt nichts von sich, wenn er etwas sagt.

Weil ich davon ausgehen kann, daß ich viele der in dieser Gesellschaft für den Mann typischen Gefühle, Charakterzüge und Haltungen habe, will ich persönlich werden und von mir erzählen. Damit formuliere ich meine Antwort auf die Frage, was ich als Mann für die Emanzipation und für den Frieden tun kann. Wir Männer können das Typische in uns zugestehen und es offenlegen. Wenn wir es noch nicht kennen, können wir es erforschen.

Mein erster Schritt ist, *mich* zu verstehen in einer Psychoanalyse des Mannes und der Liebe. Vorher kurz zum Titel meines Beitrags: „Männer lassen lieben." Was ist damit gemeint? Viele mir bekannte, kluge Männer konnten damit nichts anfangen, typisch für sie. Ich meine folgendes: Männer lassen sich lieben, von Frauen. Die Frau liebt, und der Mann kann nicht lieben. Wir Männer müssen lieben lernen, von den Frauen, wenn wir unsere Welt nicht restlos zerstören wollen.

Statt dessen ziehen wir uns zurück, wenn wir aufgefordert werden zu lieben, fühlen uns unverstanden, obwohl wir gerade dann verstanden werden, und wir schmollen. Wir ziehen keineswegs immer in die Arbeitswelt oder in den Krieg, wir ziehen uns einfach emotional zurück, bleiben körperlich da, sind aber nicht ganz, nicht psychisch und nicht geistig anwesend.

Mein Beitrag besteht aus drei Teilen. Im ersten versuche ich die Frage zu beantworten, wie der Mann wird. Dazu werde ich über mich sprechen und über meine Mutter. Zweitens beginne ich die Analyse des männlichen Wesens, in dem ich eine Phänomenologie des Schweigens und der Kraftlosigkeit entwerfe. Im dritten Teil gehe ich auf die Frage nach der Liebe ein.

Zunächst zu mir. Ich habe in meinen beruflichen Orientierungen einen tiefgreifenden Wandel erlebt. Nach dem Mathematikstudium und einer anschließenden Lehrerausbildung erhielt ich zufällig eine Stellung an der betriebswirtschaftlichen Fakultät. Dort arbeitete ich lange Jahre als Mathematiker, kenne mich also im Berufsfeld der Universität gut aus. Acht Jahre lang konnte ich erleben, wie Männer miteinander umgehen, genaugenommen fünfzehn Jahre lang, die Zeit meines Studiums hinzugerechnet. Während ich noch Mitglied der Studentenbewegung war, bekam ich persönliche Schwierigkeiten, weil ich mit unserer Liebespartnerschaft und den Problemen der „Erziehung" unserer Tochter nicht mehr fertig wurde. Es ging mir sehr schlecht, und ich war auf Hilfe angewiesen. Meine langjährige Erfahrung in einer tiefenpsychologischen Großgruppe und die des psychischen Massenelends bewogen mich, Psychotherapeut zu werden.

Liebe war damals für mich kein vordringliches Problem, denn ich wurde geliebt, in gewissem Sinne versorgt und behütet. Mein Leben lang bin ich geliebt worden, erst von meiner Mutter, dann von meiner Ehefrau und seit siebzehn Jahren von meiner Lebensgefährtin. Spät dämmerte mir, daß ich selbst nicht richtig liebe. Als ich vor mehr als 15 Jahren diese Erkenntnis als drängendes Anliegen vortrug, versuchten die Gruppenmitglieder, mich zu beschwichtigen. Wieder hatte ich zehn Jahre Aufschub, bevor mir mein Mangel zu offensichtlich wurde, um ihn noch einmal verdrängen zu können. Etwas Lebenswichtiges fehlte mir, es gab daran keinen Zweifel.

Von 1979 datiert der jüngste Anlaß, mich mit den Themen „Mann" und „Liebe" zu befassen. Irmgard Hülsemann, mit der ich seit acht Jahren zusammenlebte, empfahl mir das Buch „Die Stärke weiblicher Schwäche" von Jean Baker Miller. Ich las es nicht. Andere Bücher hielt ich für wichtiger, Marx, Freud, Nietzsche, Adler z. B. Nach drei Jahren ignoranten Abwartens nahm ich das Buch zur Hand, mit großem Schrecken, denn ich entdeckte mich in ihm. Fast alles betraf mich: Betroffenheit. Daß es drei Jahre gedauert hatte, bis ich der dringenden Bitte meiner Liebespartnerin entsprach, war ein Anlaß, mich zu fragen, warum ich der Frau, die ich angeblich liebe, einen derart hartnäckigen Widerstand entgegengesetzt hatte. Was war eigentlich mit mir los?

An der Lessing-Hochschule in Berlin begann ich Vorträge zum Thema „Reaktionen des Mannes auf die sich befreiende Frau" zu halten. 1982 gründete ich eine therapeutische Männergruppe. Sie besteht heute noch, und etwa die Hälfte der „Pioniere" sind heute noch dabei, andere kamen hinzu. Wir machen neue Erfahrungen, nicht nur die, daß wir durchaus in der Lage sind, uns zu solidarisieren, zuzuhören, auszupacken, uns freundlich zu pflegen, sondern auch die, daß wir uns dabei unterstützen, unsere Frauen nach ihren Bedürfnissen zu fragen und uns auf sie und ihre Lernanstöße einzulassen. Letzteres ist wohl neu in der Männerbewegung und ihrer jahrtausendealten Kumpanei. Es steht noch nicht auf solidem Fundament, weil es stets durch die sich vordrängenden sogenannten männlichen Bedürfnisse, Kindereien und Verwirrtheiten bedroht ist. Wir müssen verstehen, warum wir uns unseren Frauen verweigern. Es kann uns nicht nur darum gehen, die Frauen zu verstehen, wir müssen uns selbst verstehen in den Beziehungen zu diesen Frauen. Die uralte Attitüde der Männer, ihre Bedürfnisse am wichtigsten zu nehmen und dann zu versuchen, der vermeintlich schwächeren Frau zu helfen, bevor sie Selbsterkenntnis, Selbstkritik und Entwicklung erworben haben, beruht auf einer grandiosen Selbstüberschätzung und ist hier nicht gemeint. Ich versuche, mit meiner Person und Situation in dieser Kultur fertig zu werden, deshalb äußere ich mich. Nicht, um zu provozieren oder etwa jemanden zu belehren.

In dem dieser Tage sehr erfolgreichen Buch „Wenn Frauen zu sehr lieben" von Robin Norwood beschreibt die Autorin sehr genau, was sie mit diesem Titel meint, und dennoch entsteht bei Leserinnen – Männer lesen es viel zuwenig – ein Mißverständnis. Frau dürfe nicht „zu sehr" lieben, denn das gehe auf ihre Kosten, zu ihren Lasten, werde selbstzerstörerisch. Eine solche Liebe aber ist keine Liebe. Mit der Arbeit ist es doch ähnlich. Wer „zu sehr" arbeitet, ist arbeitssüchtig, arbeitet sich krank, körperlich und seelisch. Sein Produkt ist u. a. die Verelendung des Arbeiters. Lieben Frauen also auf die von Norwood beschriebene Weise, liebes-süchtig, dann müssen wir den Begriff der Liebe differenzieren. Ich möchte die einseitige Liebe von der konsequenten unterscheiden. Die erste beobachten und erleben wir, die Männer, empfangend, Frauen gebend; die letztere können wir nur entwerfen. Konsequente Liebe ist in dieser Kultur utopisch.

Statt von Liebe spreche ich auch von gegenseitiger Hilfe oder Therapie, weil ich erfahren habe, daß im Bereich der Psychotherapie nur die Liebe zwischen den Menschen wirklich hilft.

Was müssen Männer lernen? Diese Frage wird heute vielerorts aufgeworfen. Männer stehen am Anfang. Das müssen sie erst einmal lernen. Dann müssen sie lieben lernen, denn sie lieben weder einseitig noch konsequent. Frauen lieben meist einseitig und nicht konsequent genug.

Die einseitig liebende Frau kommt zu kurz, der einseitig geliebte Mann aber auch. Er entwickelt sich nicht, wird strenggenommen verwöhnt. Ich werde gleich sagen, was ich unter Verwöhnung verstehe. Die konsequente Liebe ermöglicht eine Entwicklung zum eigenen Selbst, zur Liebesfähigkeit auf Gegenseitigkeit. Robin Norwood verwendet den Begriff „Liebe" offensichtlich nur im Sinne einseitiger Liebe.

Ich möchte zuerst das *Männerbild* meiner Kindheit wiedergeben. Obwohl es mir jahrzehntelang unbewußt war, trug ich es in mir und trachtete, danach zu leben, zu handeln, zu fühlen und zu denken:

Der Mann ist stark, er ist der Ernährer der Familie, und er entscheidet. Er stützt die Frau und hilft ihr. Der Mann kann selbstbestimmt leben, unabhängig von der Frau. Männer leiden unter der Eifersucht ihrer Frauen, anderer Frauen und der beruflichen Karrieren der Männer wegen. Männer sind stärker als Frauen. Der Mann denkt und spricht, und die Frau hört ihm zu, ge-horsam. Der Mann ist fähig, zu lieben, und die meisten Männer lieben ihre Frauen.

Im Laufe meines Lebens merkte ich, daß dieses Männerbild falsch ist und daß wir außerdem allen Anlaß haben, es zu verdrängen, weil es falsch ist, denn wenn wir anerkennen würden, daß wir nicht lieben können, nicht stark sind, die Frau nicht unterstützen, daß wir nicht denken können und von ihr abhängig sind, dann müßten wir uns ändern. Da wir im tiefsten Innern nichts zu ändern wünschen – wir haben ja alles, was wir wollen –, haben wir eine konservative Einstellung, nicht nur politisch, auch privat. Darum verdrängen wir unser falsches Männerbild.

Nun will ich einige Charakteristika der *Beziehung* zwischen mir und meiner *Mutter* erwähnen. Ich darf das tun, weil sie seit Jahren nicht mehr am Leben ist, weil ich meine Kindheit verstehen muß, um meine Gegenwart zu bewältigen, und weil meine Erinnerungen, wie ich aus meiner Arbeit mit Männern weiß, ein Stück weit Allgemeingut sind, typisch für die Beziehung zwischen Mutter und Sohn in dieser Gesellschaft. Damit sind sie ein mit-teilbares Eigenes. Das geht nicht ohne Offenheit, auch die Verstorbene betreffend. Ich stelle mir den ebenfalls unsicheren Leser vor, den ich fragen möchte, warum es als Mann so schwer ist, Mensch zu werden. Warum es so schwer ist, psychisch gesund zu bleiben in dieser patriarchalischen Gesellschaft.

Meine Aufgabe als Sohn war es, meine Mutter zu retten. Sie war in Not, einsam und verzweifelt. Sie lebte stets voller Angst, wie die meisten Frauen. Sie liebte meinen Vater, einseitig, auf ihre Art, und sie liebte sich selbst nicht genug. Sie gestattete dem Vater, daß er arbeitete, scheinbar anwesend mit uns zusammenlebte und daß er sich nicht entwickelte, sondern verschlossen und kraftlos blieb. Er arbeitete zuviel, leistete sich eine Geliebte und starb am Herzinfarkt, genauer gesagt an hysterischer Arbeitswut, die eine Flucht vor quälenden Schuld- und Sinnlosigkeitsgefühlen war.

Meine Mutter liebte mich, indem sie sich selbst verleugnete. Ich befürchte, daß ich deshalb ein typischer Mann wurde. Frauen lieben nicht nur ihre Männer, sondern auch ihre Kinder „zu sehr", vielleicht besonders ihre Söhne. *Darum* werden Söhne zu Männern, nicht weil sie Männer werden *wollen.* Sie haben keine Wahl. Ich rate, mit Eltern über diese Zusammenhänge zu sprechen, solange sie noch leben und uns Kinder hören können, unserer Ansprache gewachsen sind. Auch sie können sich noch entwickeln. Wenn wir mit ihnen nicht mehr über Wesentliches, nicht mehr über Beziehungen und Erziehungen sprechen, lassen wir sie sterben. Aus der Beziehung zu meiner Mutter werde ich drei Charakteristika darstellen, die Verwöhnung, die Überforderung und die Entlastung.

Ich wurde *verwöhnt,* mindestens durch folgende vier Arrangements. Meine Eltern zeigten mir nicht, daß ein Erwachsener glücklich sein kann. Der Depression dieser Ehe konnte ich mich nicht stellen. Weil ich sonst nicht bei Verstand geblieben wäre, mußte ich „fliehen". Ich tat dies u. a. dadurch, daß ich mir unbewußt vornahm, nicht erwachsen, das heißt depressiv, zu werden. Darum hing ich an kindlichen Lebensweisen fest.

Zweitens wollte meine Mutter nicht, daß ich erwachsen werde. Sie hat mir immer suggeriert, daß das Leben für mich zu anstrengend sei und daß ich sie bräuchte, um es zu bewältigen. Ich erhielt „zuviel" Hilfe, das heißt Hilfestellung bei allen Schwierigkeiten des Lebens, auch denen, die ich mit einiger Mühe selbst hätte ausräumen können. Zuviel Hilfe ist keine Hilfe, sondern Behinderung, Eigenständigkeit verhindernd.

Ich wünschte, drittens, von meiner Mutter weiter geliebt zu werden, so einseitig, wie es war. Als Erwachsener hätte ich diese Liebe aufs Spiel gesetzt. Als Erwachsener wäre ich meinem Vater zu ähnlich geworden, von dem sie sich nicht geliebt fühlte, ich wäre ihr verdächtig und unangenehm geworden. Als kindlicher, verwöhnter Sohn, der seinem Leben allein nicht gewachsen ist, war ich ihr harmlos genug.

Auf ein eigenes Leben und eine Entwicklung verzichtete ich viertens deswegen, weil meine Mutter in Not war und weil ich ihr als Erwachsener hätte helfen, die Aufgabe, sie zu retten, wirklich hätte erfüllen müssen. Als verwöhntes Kind war ich davon wenigstens in Teilen suspendiert.

Ich habe den Eindruck, daß Kinder lebenslang der Anerkennung ihrer Eltern *nach*laufen, alles mögliche im Leben tun, um sie doch noch irgendwann zu bekommen. Eine vergebliche Mühe!

Söhne laufen oft ihr Leben lang vor der Aufgabe *davon*, ihre Mutter zu retten, weil diese vom Vater im Stich gelassen wurde. Nicht nur weil er berufstätig ist oder in den Krieg zieht, weil er eine Geliebte hat, zur Prostituierten geht, an seinem Auto bastelt, vor dem Fernseher oder in der Kneipe sitzt und sich vollaufen läßt, sondern weil er in der Familie überhaupt nicht mehr als Mensch in Erscheinung tritt, als zuhörender, fühlender und tröstlicher Mensch. Den versagenden Vater soll der Sohn ersetzen und seine Mutter vor dem gewalttätigen Vater bewahren. Dieser Aufgabe, den Vater als emotional und sensibel reagierenden Menschen zu ersetzen, war ich selbstverständlich nicht gewachsen. Ich wich ihr aus und blieb unreif und unselbständig. Für jede Expansivität in Richtung auf Selbständigkeit habe ich mich durch schamerfüllende, wiederholte Ungeschicklichkeiten bestraft, durch den Willen zum Mißerfolg.

Ich wurde *überfordert*. Der Sohn wird in der Familie zum Mann, zum Frauenfeind, zum Chauvinisten und zum Gewalttäter: durch die zu enge Beziehung zur Mutter, die vom Vater, weil er als Person nicht anwesend ist, im Stich gelassen wird. Im Grunde also durch den Vater bzw. durch die Gesellschaft, die hilflose Eltern Ehe und Kindererziehung probieren läßt, ohne sie auf diese schweren Aufgaben vorzubereiten. Ich will meine Mutter nicht anklagen, auch den Vater nicht. Ich liebe meine Mutter auch heute noch, verehre sie in gewissem Sinn, bin mir jedenfalls bewußt, daß ich ihr auch viel Gutes verdanke. Aber die Kindheitssituation muß ich aufarbeiten. Angreifen muß ich allerdings dieses gesellschaftliche System zwischen verwöhnender, überfordernder Mutter und abwesendem Vater.

Meine Mutter überforderte mich, indem sie mich mit ihrer Sehnsucht nach Liebe konfrontierte, und, über die Identifikation mit ihr, auch programmierte. Als Mann in dieser Kultur bin ich sehnsüchtig, das heißt süchtig danach, mich nur mehr zu sehnen, das heißt, in der Entfernung der Menschen zu bleiben: Näheunfähigkeit. Außerdem programmierte mich meine Mutter mit der Liebesunfähigkeit des Vaters, dem ich andererseits immer nacheifern sollte. Ihre Überforderung bestand auch darin, daß sie mit mir über den Vater klagend und anklagend sprach. Er bekam nie Gelegenheit, sich – in meiner Gegenwart –

zu diesen Anklagen zu äußern. Seine Verfehlungen blieben Mutters und mein Geheimnis. So lernte ich zu schweigen, unser Geheimnis zu bewahren und mir keine Hilfe zu holen. Diese Tendenz gehörte fest zu meinem Lebensplan: Autonomiewahn.

Die entscheidenden überfordernden Worte, die meine Mutter in diesem Zusammenhang an mich richtete, hießen: „Wir beide", Ich hörte sie oft. „Wir beide", sagte sie, wenn sie unglücklich war, mit der Bedeutung, daß nur „wir beide" uns verstanden, liebten. Der Vater, die Schwester, alle anderen blieben außerhalb dieser unheiligen Allianz. So lernte ich, daß es besser ist, einsam zu bleiben.

Wahrscheinlich können viele Männer sich deshalb keine Hilfe holen, weil die Mutter erstens nicht vormacht, wie frau sich Hilfe holt, und zweitens, weil sie ihr helfen sollen und sich dabei so elend und hilflos fühlen. Helfen – das ist gar nicht möglich, so hat es sich im Unbewußten der Männer festgesetzt. Helfen lassen ebenfalls nicht.

Alle dachten, ich sei bei der Mutter gut aufgehoben. Das war Überforderung, weil ich offenbar der einzige Mensch war, so kam es mir vor, an den ihr Unbewußtes ausdrücklich den Auftrag richtete, sie zu retten. Darum spreche ich von der Mutter-Religion: Wir beide blieben zusammen und blieben als einzige makellos und ohne Schuld. Alle anderen, über die meine Mutter sprach, bekamen irgendeine schwerwiegende Sündhaftigkeit zugewiesen.

Sie hat sich in ihr Zimmer eingeschlossen und verzweifelt geschluchzt, ich saß vor der Tür, klopfte vergebens, wußte, daß sie sich manchmal den Tod wünschte, und ich litt Qualen. Ich litt vor der Tür Angst um sie, und so wurde ihre Depression zu der meinen. Oft schlich ich mich auch an ihr Bett und lauschte, ob sie noch lebte. Zu oft hatte sie mir damit gedroht, daß ich sie noch ins Grab bringen würde, und so befürchtete ich, durch magische Vorstellungen angekränkelt, ihr Schaden zugefügt zu haben. Damals wußte ich von meinen Depressionen nichts, aber heute holen sie mich ein, und ich vermag nicht mehr, sie durch Männerspiele zu verdrängen. So sieht Überforderung aus.

Meine Mutter impfte mich mit Mißtrauen gegen andere Menschen, eigentlich gegen alle, mit denen wir zu tun hatten. „Liebt sie dich wirklich?" fragte sie, wenn ich eine Freundin hatte. „Ist sie auch die Richtige für dich?" Diese Fragen quälten mich, weil sie mich an meinem schwachen Punkt trafen, ich war selbst schon voll solcher Bedenken. Es scheint mir einsichtig, daß ich reagierte, indem ich typisch männlich wurde, verschlossen und distanziert. Wie soll Mann solche Fragen beantworten? Mann vertraut sich ja nicht einmal selbst. Ich lernte dadurch auch, ängstlich allein zu bleiben und mich gegen das seelische Leid anderer abzuschirmen. Darum die spätere Berufswahl. Nacharbeit. Zur Überforderung gehörte auch, daß Mutter Sorgensammlerin war. Sie sammelte die Sorgen, die ich ihr machte, und stempelte mich so zu einem Menschen, der andere unnötig beunruhigt, also versagt.

Die einzige *Entlastung*, die ich in meiner Kindheit erfuhr, an die ich mich deutlich erinnere, war die Wut meiner Mutter. Ich habe nicht alle Erinnerungen und kann deshalb hier keine gerechte Schilderung meiner Kindheit vorstellen, nur Teile, die meine These, daß Männer sich von Frauen lieben lassen, unterstützen. Wenn Mutter wütend wurde, ging es mir besser, das war leichter zu ertragen, als wenn sie verzweifelt war. So lernte ich, daß Wut etwas Gutes ist, Hilflosigkeit, Trauer und Kummer etwas Schlechtes sind. Deshalb wollte ich nicht weiblich werden. Frausein war depressiv, einsam und in Not sein. Ich mußte verzweifelt versuchen, ein ganzer Mann zu werden. Wenn Mutter wütend wurde, dann fühlte ich mich nicht mehr für sie verantwortlich, dann durfte ich mich innerlich wehren, weggehen auch, ohne Schuldgefühl. Das waren seltene Momente. Ich war sogar erleichtert, wenn ich sie wütend gemacht hatte, denn selbstverständlich bedeutete auch diese Wut einen Schutz für mich. So entdeckte ich das männliche Prinzip: Masochismus und Gewalt. Jemanden auf sich wütend machen, das können Männer gut, und dann gewalttätig zurückschlagen, weil sie sich gedemütigt fühlen. Die Selbstzerstörungstendenzen der Männer werden jetzt verständlicher. Wut war für mich Kraft und Unabhängigkeit, war Mannsein, Depression war Ohnmacht und Verwirrung, war Frausein. Darum wurde ich ein Mann und keine Frau, nicht wegen des „kleinen Unterschieds“. Der hat, für sich genommen, gar nicht so große Folgen.

Wir kennen die Gefahr, wenn Wut in Gewalt umschlägt. Wir wissen, daß Gewalt der höchste Wert im Patriarchat ist. Dadurch wird das Familienmuster fatal. Gewalt ist Militär, Bomben und Raketen, Atomkraftwerke. Gewalt ist aber auch Institution, Hierarchie, Weisungsbefugnis. Und Gewalt ist Rechtsprechung, Gesetz und Staat. Nicht zu vergessen die subtile Gewalt in der Familie, die von Eltern auf Kindern gerichtet wird, wenn Kinder gekränkt, verletzt, gedemütigt und angeschwiegen werden.

Wenn ich bisher angedeutet habe, wie der Mann dieser Kultur *wird*, so werde ich im Folgenden sagen, wer dieser Mann *ist*. Wie ich ihn erlebe, besser gesagt; denn ich gehe von mir persönlich aus. Ich möchte niemandem damit zu nahe treten, wenn ich nun auch die sprachliche Form der Verallgemeinerung wähle. Wer etwas davon nehmen möchte, weil er etwas damit anfangen kann, möge dies tun, der andere kann es ruhig zurückweisen. Sicher drücke ich mich manchmal provozierend aus, verallgemeinere, anstatt persönlich zu bleiben. Dabei handelt es sich wohl um eine typisch männliche Schwäche. Andererseits bestätigen mir Frauen immer wieder, daß viele Männer durch meine Verallgemeinerungen erschreckend gut beschrieben werden. Überprüfen Sie, was nun folgt, an Ihren Erfahrungen.

Der Mann ist der Mensch ohne Sprache, der, der schweigt. Wir wissen, daß Sprechen in unserer Kultur nicht gelehrt wird. Vor allem wir Männer lernen, uns nicht zu öffnen, uns statt dessen zu verbergen, auch hinter Worten, durch bloßes Reden. Der Mann ist intensiv auf sein Leben als Schweigender vorbereitet worden. Bevor ich erläutere, was ich *Schweigen* nenne, eine kurze Bemerkung.

Als Alternative zum brutalen männlichen Zeitgeist, der Manifestation der Gewalt, erscheint heute oft eine permanente bloße Regression in sogenannte Gefühle hinein, die neoromantische Wendung ins Pathetische, mit Hilfe magischer Rituale und kindischer Erwartungen, auch im Bereich der Psychotherapie. Aber beide Extrempunkte – dazwischen liegt unsere Realität –, das geschäftsmäßige, rational-technische Männergebaren wie die sehnsüchtige Schwelgerei in angeblich unaussprechlichen Gefühlen und Erlebnissen, entspringen derselben Wurzel, der Angst des Menschen vor der Nähe zum Nächsten. Ich erinnere daran, daß Verwöhnung und Überforderung und nicht nur die sogenannte autoritäre Erziehung, die bisher auch noch nicht genügend untersucht worden ist, mich die Nähe zur Mutter fliehen ließen.

„Reden ist Silber, Schweigen ist Gold", sagt der Volksmund, und der Feind der Wahrheit sagt: „Hättest du geschwiegen, wärst du ein Philosoph geblieben." Den Unterschied zwischen bloßem Reden und wirklichem Sprechen können wir erst bemerken, wenn wir wenigstens eine Beziehung kennengelernt haben, in der sich beide geöffnet haben und ein wahrer Austausch erfolgte. Vorher verwechselt man die beiden Kommunikationsakte. Gerade zwischen Männern und Frauen wird viel zuwenig gesprochen. Symptomatisch dafür ist die Schweigemauer zwischen Feministinnen und „neuen Männern". Ich kann es den Feministinnen nicht verdenken; zu oft habe auch ich erlebt, daß erwachsene und kluge Frauen von gleichaltrigen Männern und ihren kindischen

Plappereien nur noch belästigt wurden. Viele wichtige soziale Wahrnehmungen bleiben ungesagt, aber mindestens ebenso viele werden von Frauen ausgesprochen, und ich erlebe, daß Männer gar nicht zuhören, daß das Denkniveau der Frauen ihnen offenbar einfach zu hoch ist. Sie verstehen die Frauen nicht, wie ein Kind das Gefühlsleben seiner dreißig Jahre älteren Mutter nicht versteht.

Sprechen und Zuhören bedeuten große Mühe. Es ist oft qualvoll, unsere Wahrnehmungen des Nächsten, unser Wissen über ihn oder sie zu formulieren, noch qualvoller, zu erleben, daß man nicht verstanden wird, als lebte man auf verschiedenen Planeten.

Manchmal fehlen uns die Worte, manchmal die Gefühle. Außerdem zöge jedes ernsthafte Gespräch unmittelbar und unbedingt weitere, unendlich viele nach sich. Deshalb sprechen wir nur noch auf Tagungen miteinander, verstehen uns nicht und resignieren. Einsam sind wir mit dem Nächsten zusammen, das ist das Grauenhafte am Schweigen.

Vor allem die Frau hat über den Mann zu schweigen, obwohl sie sehr viel über ihn weiß, viel mehr als er selbst. Sie fürchtet seine aggressive Reaktion. Daran hat auch die Frauenbewegung nur eines geändert: Der typische Mann wird im Gespräch nicht mehr so gewalttätig, aber er stellt sich dumm, und die Frau schüttelt den Kopf und lacht. Aber nicht aus Freude, sondern verzweifelt. Mir kommt es so vor, als sei der typische Mann einer engagierten Frau einfach nicht gewachsen.

Aber zuerst hat der Mann geschwiegen, der Mächtige in fast jeder sogenannten Partnerschaft.

Wie schweigt der Mann? Ich erwähne fünf Bestandteile des Phänomens, das ich Schweigen nenne.

1. *Der Mann schweigt mit Affekten.* – Es gilt als moderne Erkenntnis, daß Männer keine Gefühle haben. Ein Zehnjähriger, der sich die Zähne zusammenbiß, nachdem er geschlagen worden war: „Wer zuerst schlägt, hat gewonnen." Es ist ein Irrtum, anzunehmen, daß Männer keine Gefühle haben. Sie sprechen nur nicht darüber, sie fressen sie in sich hinein.

Zu Sigmund Freuds Zeiten galten viele Frauen als hysterisch, seine meisten Patientinnen waren Hysterikerinnen. Damals wurden sie in Massen entdeckt. Man fragte zuwenig, was Frauen zu solchen Reaktionen trieb. Der Feminismus entdeckte gewalttätige Männer. Sie treiben Frauen in die Hysterie. Wir müssen fragen, was die Männer zur Gewalttätigkeit treibt. Vor allem ihr Schweigen, wie ich meine.

Freud empfahl seinen Schülern, im Beruf Gefühlskälte zu bewahren, den Chirurgen zum Vorbild zu nehmen. Keine Gefühle aufkommen lassen! Weil es ihm zu schwer geworden wäre, sich verliebten und kämpferischen Patienten persönlich zu nähern.

Wir kennen heute die Gefühle der Männer, die Angst, die Hilflosigkeit und die Schwäche, und daß ihnen einzig hektische Betriebsamkeit und Affekt darüber hinweghilft, Ärger, Zorn, Rivalität, Aufgeregtheit und Wut. Auch wenn sie manchmal schon weinen, die Unerschütterlichkeit bleibt ihr Ideal. Hat der Mann geweint, dann nimmt er sich in der nächsten Sekunde vor, daß ihm das unter keinen Umständen wieder passieren darf. Wenigstens nicht in Gegenwart anderer Männer. Da versteinert er lieber. Weil er es nicht wagt, die eigene Angst wahrzunehmen und ruhig zu betrachten, kann er die der Frau nicht zulassen und sich in sie nicht einfühlen. Würde er sich in sie einfühlen, dann würde er mitschwingen, seine Angst würde sich beleben, und das wäre schrecklich. Also entwickelt er Affekte, um bestimmte Gefühle nicht zu erleben, und wirkt dennoch ansonsten distanziert. Männer haben Gefühle, aber andere als Frauen und in anderer Intensität. Ihre Affekte bagatellisieren sie.

An einem Beispiel möchte ich zeigen, wie ich das meine:

Ein Junge spielt auf der Straße und wird von einem größeren Jungen attackiert. Sein Vater erfährt davon, stürzt auf die Straße und beschimpft den Größeren. Sein Junge steht daneben, weint immer noch. Weil er seinen Vater im Affekt erlebt. Der Vater übt Rache und spendet nicht Trost. Das ist das männliche Prinzip: Mit Gewalt gegen die Gewalt vorgehen. Der Vater führt seinem Sohn Affekt und Gewalt vor statt Sanftmut und Trost. Das ist das Prinzip aller Institutionen des Patriarchats. Wir haben allen Anlaß, die zu Freuds Zeiten bei den Frauen gesuchte Hysterie heute bei den Männern zu suchen.

2. *Der Mann schweigt durch die Entwertung der Frau.* – Sigmund Freud wollte sich sein „zartes liebes Mädchen" nicht als Konkurrentin vorstellen. Die Frau sei durch Schönheit, Liebreiz und Güte von der *Natur* dazu bestimmt, vom Manne angebetet zu werden. Hier haben wir es mit einer raffinierten Rationalisierung der Entwertung der Frau zu tun. Wer angebetet wird, wird angeschwiegen. Senta Trömel-Plötz hat Männersprache untersucht; in ihrem Buch „Frauensprache" hält sie die Ausdrücke fest, mit denen Frauen entwertet werden, z. B. „Puppe", „Kind" und „Fräulein", Körperteil- oder Tiernamen usw.

Humphrey Bogart sagt zu Ingrid Bergman: „Ich schau' dir in die Augen, Kleines", und ist damit heute so modern wie damals.

Wenn der „neue" Mann das hört, widerspricht er: „Ich wünsche mir eine emanzipierte Frau." Damit meint er sexuelle Libertinage, weil er ununterbrochen davon phantasiert, und er meint die Doppelbelastung der Frau, die Frau im Haus und im Beruf, weil er ununterbrochen davon profitiert. Diese „Emanzipationen" gestattet er ihr, andere nicht.

Peter Handke wurde gefragt, was er von Frauen hält. Er assoziiert Sexualität, wenn er das Wort „Frau" hört. Er will nichts Privates preisgeben, rät Männern, sich zu verschweigen, um sich nicht zu verraten. Frauen gegenüber ist er mißtrauisch, sie seien Verräter, die er haßt, weil sie ihn von seiner künstlerischen Arbeit abhalten. Für diese Kunst bedanke ich mich, die kann Handke für sich behalten.

Selbst Jean-Paul Sartre hielt in jungen Jahren den männlichen Herrschaftsanspruch für einen individuellen Makel des Mannes, der zudem durch eine gewisse frauliche Fügsamkeit ermöglicht werde. Er habe sich mit Frauen allerdings immer besser als mit Männern unterhalten können, weil er ihnen gegenüber die Gesprächsführung habe behaupten können. Mag sein, aber wir wissen, daß Sartre sehr wohl gewußt hat, an wen er sich wenden mußte, wenn es ihm schlecht ging, und daß er vor allem das Beruhigende, Realistische, das Therapeutische der Frauen gebraucht hat. Später meinte er dann, die Frauen seien wohl die besseren Menschenkenner. Zweifellos, jedenfalls was Männer anbetrifft.

3. *Der Mann schweigt, indem er redet.* – Reden nenne ich Sätze sagen, ohne die Intention, sich mit dem Angeredeten in Beziehung zu setzen. Beziehung wäre Austausch, Mitteilung innerster Gedanken und Gefühle, gegenseitig. Reden enthält keinen Austausch, vor allem keinen über die raffinierten Formen der Abwehr von Angst, Intimität und Verbindlichkeit im Gespräch. Männer hören sich gerne reden, solange nicht die Gefahr besteht, dadurch etwas über sich selbst zu erfahren. Männer sind Menschen, denen die Wahrheit über sich selbst nicht zuzumuten ist. Sie könnten sie nicht ertragen.

Sie erklären gerne, schildern, postulieren und dozieren. Durchschaut jemand das und macht sie aufmerksam, so sind sie nicht dankbar, sondern kämpferisch. Sie verschmutzen Gesprächsansätze, bis sie im Leblosen versickern und nichts mehr zu sehen ist. Dorothee Sölle diagnostiziert: Männersprache; Sprache, die keine Gefühle ausdrückt, keine schöpferischen Pausen kennt und kein Abwarten; Sprache, die keine Anteilnahme weckt, weil sie nichts Suchendes und Unfertiges mehr an sich hat. Martin Heidegger sprach vom Gerede, das eine scheinbare, indifferente Verständlichkeit ausbildet, der nichts mehr verschlossen scheint, die aber strenggenommen alles entschieden verschließt. Der Redende lebt hinter der Mauer, die ohne Öffnung ist.

Männer sollten, so meine ich, unbedingt von ihren Ängsten, Zweifeln und Nöten sprechen, von offenen Fragen und nicht nur von ihren Leistungen, Erfolgen, Projekten, Initiativen, Aktionen und Siegen. Nun, man kann nicht immer rechtzeitig über seine Schwächen und Beunruhigungen sprechen, aber viele Frauen beklagen, daß ihr Partner eigentlich niemals bereit und in der Lage ist, mit ihnen ein ernsthaftes Gespräch zu führen. Ich höre das auch von den Frauen tüchtiger, bemühter und erfolgreicher Männer.

4. *Der Mann schweigt, indem er nicht fragt.* – Männer „wissen" immer schon alles, auch und gerade über Phänomene, mit denen sie sich noch nie beschäftigt haben. Unwissen scheint ihnen ungeheure Angst zu machen, und so suggerieren sie sich Wissen. Sie vermögen nicht, sich ihr Unwissen einzugestehen, und deshalb reden sie darüber hinweg. Selbst wenn sie auf andere zustimmend reagieren, müssen sie, wie unter Zwang stehend, etwas scheinbar Eigenes, Originelles hinzufügen. Fragen an Frauen hören wir von Männern selten.

Gegenüber dem Reden der Männer wäre Sprechen ein Akt verpflichtenden gegenseitigen interessierten Einsatzes, eine Aufgabe für mindestens zwei, die sachlich nicht von einem Menschen allein zu lösen ist. Männer aber reden so, als hätten sie eigentlich keinen Gesprächspartner, nur Zuhörer. Sie reduzieren sich auf einen unaufhörlich redenden Mund und die anderen auf offene Ohren.

Wer sprechen will, muß Fragen stellen. Wer sie stellt, muß die Antworten abwarten können, sie sich nicht hektisch selbst zu geben suchen und sie nicht sofort vergessen. Zum Warten gehört aber Mut. Ein Gespräch erfordert Initiative, aber auch Geduld. Aktivität und Passivität im Wechsel. Diesen Wechsel kennen die Männer nicht mehr. Der Mann fragt die Frau nicht, wie sie ihn erlebt, wie sie seine Gefühlsäußerungen empfindet, was sie über ihn denkt. Er fragt sie nicht, was sie bei ihm vermißt und was er im Umgang mit ihr falsch macht. Der Mann denkt in Gegenwart der Frau nicht. Das ist die unweigerliche Konsequenz seines Schweigens. Um zu denken, müßte er fragen und geduldig auf Antwort warten. Außerdem müßte er sich das, was die Frau ihm sagt, aufschreiben, durcharbeiten, immer wieder lesen, denn sonst vergäße er es zu schnell.

Der Mann „weiß“ alles über die Frau, alles für ihn Wissenswerte. Er „weiß“ auch, was die Frau über ihn weiß. Sein „Wissen“ ist aber Ergebnis einsamen Grübelns oder eines oberflächlichen Männergeredes. Wenn wir das, wovon er meint, daß es die Frau über ihn wisse, mit dem vergleichen, was sie über ihn sagt, stellen wir große Unterschiede fest.

Weil uns Männern sowohl Selbsterkenntnis als auch Frauenkenntnis fehlt, müssen wir die Frauen fragen, von ihnen lernen. Dazu müssen wir warten, bis die Frauen antworten, denn wir können nicht erwarten, daß sie, die jahrhundertelang, bis heute, nicht gefragt wurden, nun auf Anhieb antworten. Sie müssen so lange Zeit haben, bis sie sich von ihrer Verwunderung, endlich doch noch gefragt zu werden, erholt haben.

Sie fühlen sich in unserer Gegenwart nicht geborgen und können sich noch gar nicht vorstellen, daß wir ihre Antworten ernst nehmen. Unsere Fragen setzen unsere Geduld voraus, die wir auch noch nicht besitzen. Wir müssen ganz von vorn anfangen.

Ich kenne die Frau nicht, mit der ich schon seit Jahren, vielleicht Jahrzehnten zusammenlebe. Machen wir die Probe aufs Exempel. Überprüfen wir, ob wir bereits so belastbar und konfliktfähig sind, den Frauen Fragen zu stellen und ihnen ernsthaft und gründlich zuzuhören. Es steht die Erforschung des Nächsten an: die der Frau.

5. *Der Mann schweigt, indem er nicht zuhört.* – Der Mann kann der Frau nicht zuhören. Besonders dann nicht, wenn sie sich mehr Zuwendung wünscht. Das Zuhören versteht der Mann als einseitig passiven Akt, als Unterwerfungsakt. Und er will sich nicht unterwerfen lassen. Darum dreht sich sein sogenanntes Denken unentwegt. Außerdem und wahrscheinlich deswegen drängen sich beim Zuhören eigene Gedanken auf, Phantasien, Vorwegnahmen der Antworten und Zwangsgedanken an Sexualität und Überwältigung, Angst vor der eigenen Gewalt usw. Schwierige, anstrengende Gedanken. Frauen, die darauf bestehen, daß der Mann ihnen zuhört, haben kaum männliche Gesprächspartner. Zum Zuhören aufgeforderte Männer sind über diese Zumutung entrüstet. Sie wissen ja nicht, daß sie nicht zuhören, und sie ziehen sich zurück, direkt, indem sie den Raum verlassen, oder indirekt, indem sie dösen oder Selbstgespräche führen. Sie wollen vergessen, was die Frau will. Nach einer mehr oder minder langen Verdrängungsarbeit wissen sie nicht mehr, was die Frau wollte, und trauen sich wieder an sie heran.

Sie erinnern sich inzwischen an den Körper der Frau, an ihre Dienstleistungen, sie erinnern sich mit Lustgefühl und drängenden männlichen Bedürfnissen, im Hause und im Beruf, sie erinnern sich an ihre Mütterlichkeit und Wärme, an ihre therapeutische Tröstlichkeit und daran, daß sie die Frau immer benutzen können, um sich im Vergleich mit ihr größer und souverän zu fühlen. Fast jedem Mann gelingt es, blitzschnell zu überlegen, warum er eigentlich doch besser ist als diese Frau, gerade, weil sie ihm eben noch so enorm imponiert hat.

Was also ist die Identität des Mannes? Sein Schweigen und seine *Kraftlosigkeit*. Ein eindrückliches Beispiel für diese männliche Beschaffenheit finden wir in dem 1987 erschienenen Sammelband „Gegenstimmen“ der Gruppe der „neuen Männer“. Jörg Ehrenforth analysiert in dem Aufsatz „Ich verstehe meine Frau nicht mehr“ feinfühlig und genau, daß der Mann verschlossen ist, keine Fragen an die Frau stellt, ihr Vorträge hält und seine Gefühle versteckt. Er räumt ein, daß der Mann die Unterstützung von der Frau will und daß er sie an der Beziehung arbeiten läßt, während er sich verwöhnt.

Ich las dies mit großem Interesse. Endlich ein Mann, der anfängt zu begreifen! Bis zur letzten Seite, da kam der Hammer. Dort schildert Ehrenforth, wen er sich wirklich wünscht: Eine Frau, die ihm nahe ist und ihn intuitiv versteht, die einfach da ist und ein vertrautes Band knüpft. Eine Frau, die kein Wort redet und auch ihn nicht fragt, die ihn nur lieb anschaut. Bei ihr würde er sich wahnsinnig geborgen fühlen. Ich dachte: Das darf doch nicht wahr sein! So sieht die Verwöhnungsphantasie eines männerbewegten Mannes im Jahre 1987 aus.

Was ist die Identität des Mannes? Kraftlosigkeit!

Sarah Haffner, die Berliner Künstlerin und Feministin, schreibt in ihrem Aufsatz „Das starke Geschlecht“: „Männer sind auf die gebende, angeblich schwache Frau angewiesen, um sich als stark zu empfinden. Und diese sogenannte Stärke bricht in sich zusammen, der Mann entpuppt sich als Schwächling, wenn die Frau seine Bedürfnisse nicht als vordringlich anerkennt, sondern eigene Bedürfnisse wahrnimmt und auslebt.“ Die Diagnose „Schwäche“ scheint mir aus psychologischen Gründen unzureichend, weil Männer sie nicht auf sich beziehen. Der Gedanke, schwach zu sein, erfüllt sie sofort mit Ekel, und diese Abwehr verhindert Einsicht. Deshalb spreche ich von Kraftlosigkeit.

Der amerikanische Maskulinist und Psychotherapeut Goldberg räumt ein: „Der Mann, dem der weibliche Rückhalt fehlt, ist anfälliger für Geisteskrankheiten, begeht häufiger Selbstmord und stirbt schneller."

Sebastian Haffner, der Autor von „Anmerkungen zu Hitler", vergleicht Männer an anderer Stelle mit seelisch belasteten Tigern, die in unregelmäßigen Abständen explodieren, als ob plötzlich eine latente Gemütskrankheit bei ihnen ausbräche. Männer, nicht Frauen, seien, so meint er, unberechenbar und hysterisch. Sie seien verdruckst, übellaunig und leise tückisch, empfindlich und viel eitler als Frauen. Wir müssen entweder eingestehen, daß die Freud-Schule vor fast hundert Jahren irrte, als sie die Hysterie nur bei Frauen fand, oder wir konstatieren, daß heute vor allem Männer hysterisch sind. Allerdings wäre es wichtig herauszufinden, warum.

Ich möchte noch einige Besonderheiten der männlichen Kraftlosigkeit erwähnen. Der Mann läßt alle früheren Beziehungen fallen, wenn er eine „tolle" Frau für sich gewinnt und sich von ihr geliebt fühlt. Die anderen Beziehungen waren ihm nicht wirklich wichtig, quasi nur Ersatz. Dadurch wird er abhängig von dieser Frau. Obendrein macht er ihr unberechtigte Vorwürfe: „Früher hatte ich viele Freunde, seit ich dich kenne, habe ich keine mehr." Er unterstellt, daß sie sie ihm abspenstig gemacht hat. Tatsächlich war es seine Eifersucht in der Phase der Eroberung, weshalb er sie abschirmte. Inzwischen hat er nun keine Freundschaften mehr. Diese Aufgabe des Mannes wird fast nie zufriedenstellend gelöst, er pflegt die Beziehungen zu Freunden nicht parallel zur Liebesbeziehung. Die Frau vermittelt alle wesentlichen Kontakte. Statt anzuerkennen, daß ihm die Aufgabe „Freundschaft" zu schwer ist, schätzt er sie gering.

In allen alltäglichen, die Versorgung von Menschen betreffenden und anderen sozialen Belangen ist er hilflos. Er kennt z.B. nie die Stimmungen der Menschen, die ihn umgeben, nicht einmal die eigenen, die er immer zu spät wahrnimmt. Erst dann, wenn er sich restlos überfordert hat und fast zusammenbricht, wird er aufmerksam, und dann geht er ins Krankenhaus.

Er hat Bindungs- und Kommunikationshemmungen, will sich, außer an seine Partnerin und an seine Kinder, sehr zum Schaden für diese, nicht nahe binden. Bindungen erlebt er als Verpflichtungen, als Zwangsjacken, aus der Beziehung zur Mutter resultierend, während er kommunikative Bindungen zwischen Frauen als „Klatschgeschichten", heute wohl auch als „Emanzengeschwätz" abwertet. Gerade in diesen Gesprächen leisten Frauen eine außerordentlich wichtige Austauscharbeit, die eine Quelle seelischer Stabilität für sie bedeutet.

Davon wissen Männer nichts, und sie interessieren sich auch nicht dafür.

Auch im überstarken Selbstzweifel zeigt sich die Kraftlosigkeit des Mannes, den er nicht äußert, weil er die Fassade aufrechterhalten will. Das führt zu einer völligen Unfähigkeit zur Selbstkritik. Hier handelt es sich nicht um ein Paradox, denn jede Selbstkritik brächte den Mann an den Rand eines Traumas. „Ich fühle mich wie ein Nichts." Manche Männer drücken derartiges aus, wenn ich sie nach ihrem Selbstwertgefühl frage. Entweder ganz oben oder ganz unten, Napoleon oder eine Laus. Meist führt der Vergleich nicht zu Napoleon.

Der Mann darf nicht leiden, vor allem nicht öffentlich. Horst Eberhard Richter schildert das in „Lernziel Solidarität". Der Mann darf nicht klagen über sich selbst. Männer begreifen Angst und Trauer nicht als Genesungschance, nur als krankhaftes Symptom, welches sofort zu verschwinden hat. Wenn sie sich ängstigen, fragen sie sich ununterbrochen grüblerisch, warum sie überhaupt Angst haben, ausgerechnet sie, und wie sie das Symptom loswerden können. Sie ängstigen sich vor der Angst so sehr, daß sie sich nicht in ihr aufhalten können. Darum verstehen sie Frauen nicht, denn Frauen stehen viel mehr Ängste durch. Wenn Männer einen Verlust erleiden, wollen sie ohne Trauerarbeit darüber hinweg. Sie geben den Verlust vor sich selbst nicht zu, und sprechen tun sie schon gar nicht darüber. Ich meine z. B. Verluste an Prestige, Kraft, Hoffnungen oder einfach an Leben ohne psychische Qualen.

Die meisten Männer wissen nicht, was psychische Entwicklung ist. Sie wissen es buchstäblich nicht. Fragt man sie danach, dann antworten sie technisch, organisatorisch, systematisch, aber nicht auf zwischenmenschliche Beziehungen bezogen. Die Entwicklung von Gefühlen hieße Arbeit an ihnen, Veränderung der Emotionen und Stimmungen, aber Männer wollen nicht fühlen, sie wollen mit ihren Händen zufassen, alles soll handlich sein, fertig verpackbar. Deshalb sprechen sie heute von Beziehungskisten. Eine Beziehung ist für sie eine Kiste, in der alles Glück, jede Freiheit und Hoffnung verpackt wird, also wie aus Holz. Wir haben es hier mit einem für die vom Manne ausgehende soziale Verwüstung symptomatischen Terminus zu tun.

Die politische Dimension der Unfähigkeit zu trauern wurde vom Ehepaar Mitscherlich untersucht. Diese Unfähigkeit betrifft aber besonders den Mann und auch den privaten Bereich. Statt Trauer zu entwickeln, zerstören Männer. Außerdem entwickeln sie Ekel gegenüber fraulichen Wörtern wie „Trauer", „Gefühl", „Verbundenheit",

„Berührung“ oder „Betroffenheit“. Kraftlosigkeit zeigt sich in Wutanfällen, auch in Rebellionen, die in bloßem Trotzverhalten verpuffen. Der revolutionäre Mann würde bei sich beginnen, ehe er gesellschaftliche Institutionen anprangert, er würde nicht so tun, als könnte er es besser als alle anderen.

Viele psychosomatischen Reaktionen „sagen“ auch etwas über Kraftlosigkeit; ich kann das nur andeuten. „Ich gebe nicht nach“, sagt der Herzinfarktmann, der Heisere: „Ich mag nicht sprechen.“ Der mit den Rückenschmerzen „sagt“: „Ich werde mich nicht beugen“, der mit hohem Blutdruck: „Wagt nicht, mich anzugreifen, ich bin verteidigungsbereit“, und der mit Magenschmerzen: „Ich werde meinen Kummer in mich hineinfressen, euch brauche ich nicht.“ Das ist auch Männersprache. Sprache von Wesen, die stets in Feindesland leben, welches eben durch sie selbst erst so richtig gefährlich wird.

Männer leiden an Illusionen über ihre Verbundenheit. Wenn man sie fragt: „Hast du stabile Beziehungen? Bist du sozial geborgen und abgesichert? Ist unter deinen Beziehungspersonen ein wirkliches Gegenüber, oder reden dir alle nach dem Mund, bist du für alle der Helfer?“, dann sagen sie: „Alles in Ordnung, alles paletti!“ im Brustton einer Selbsttäuschung. Schaut man nämlich genauer hin, dann merkt man, daß der Mann zu wenige Beziehungen hat.

Er kann nicht nur nicht trauern, er kann sich vor allem nicht freuen. Das ist ein ganz wichtiger Charakterzug des typischen modernen Mannes: die Freudlosigkeit. Man sieht ihn nur noch angespannt, verkniffen, mürrisch, unfreundlich. Freude ist eine unentbehrliche Unterstützung in Lebenskrisen. Männer freuen sich über ihre Erfolge nicht mehr, noch weniger über die anderer Menschen, z.B. die ihrer Partnerin. Immer, wenn etwas getan ist, Auto repariert, Prüfung bestanden, etwas geschrieben, organisiert, ein schönes Gespräch gehabt, sind Männer sofort wieder deprimiert. In der Aktion haben sie sich noch relativ unbeschwert erlebt, diese Aktionssüchtigen, in der folgenden Muße bzw. Ruhepause spannen sie sich an und verzweifeln fast, weil sie mit der vermeintlichen Passivität nicht fertig werden.

Ihr Autonomiewahn bewahrt sie davor, sich Hilfe holen zu müssen. Von anderen abhängig sein hieße für sie, daß sie nichts wert sind. Ihre Abhängigkeit von der Partnerin haben sie bereits durch Entwertungen wegrationalisiert.

Deshalb auch leisten Männer Frauen keine emotionale Hilfe; sie haben keine erfahren, also können sie auch keine gewähren. Das wissen sie nicht, und deshalb müßten sie Frauen danach fragen.

Ein Symptom für die männliche Kraftlosigkeit ist die schweigend vollzogene bloße Sexualität. Eine Sexualität ohne jede Erotik, weil keine menschliche Beziehung aufgenommen wird. Diese Mischung aus Beziehungslosigkeit und Gewalttätigkeit zeigt sich in der Peep-Show, bei der Prostituierten, im Masochisten- und Sadistenspiel und in diversen anderen voyeuristischen und exhibitionistischen Entwürdigungen menschlicher Erotik.

Damit möchte ich zum dritten und letzten Teil meines Referats übergehen, in dem ich ausführe, was ich unter *Liebe* verstehe.

Zunächst zur *einseitigen Form von Liebe*, wie Frauen sie Männern zukommen lassen, ohne daß sie dafür etwas zurückbekommen. Der Mann, so habe ich es erfahren, ist psychisch abhängiger von der Frau als umgekehrt. Wolfgang Körner, Autor von „Meine Frau ist gegangen", spricht von einem großen Trennungsschmerz und Schock, als seine Frau ihn verließ, obwohl, wie er verständnislos hinzufügt, sie doch beide dauernd im Gespräch und sich meistens einig gewesen waren.

Die sieben von Körner interviewten Männer sprechen alle von harten Schicksalsschlägen, Depressionen, Suizidanwandlungen, nachdem ihre Frau sie verlassen hatte. Sie wurden mit Tranquilizern vollgestopft, fühlten sich erledigt und weinten unentwegt. Ihre jähe Einsamkeit brachte sie an den Rand des Wahnsinns, die Eifersucht tat ein übriges.

Dieser Zusammenbruch des Mannes aber, und erst das ist für uns neu, kam immer erst nach der Trennung. Vorher hörte er der Frau nicht zu und schirmte sich kategorisch gegen jede Kritik und Bitte ab. Diese Frau hat ihn wie selbstverständlich stabilisiert, obwohl er kein Gefühl für sie hatte. Sie bewahrte ihn vor jeder inneren Krise.

Ich mußte lange darüber nachdenken, warum die meisten Männer nicht die Verantwortung für sich und ihre emotionale Verfassung übernehmen und sich keine therapeutische Hilfe holen. Die Antwort fand ich erst nach Jahren, weil sie mir zu nahe lag. Männer brauchen deswegen keine Therapie, schicken allenfalls die Frau dorthin, weil sie, ausnahmslos, schon eine Therapie zu Hause haben. Die Therapeutin ist ihre Frau, ihre Partnerin, ihre Freundin, ihre Geliebte. Sie soll dem Manne und nur ihm zur Verfügung stehen, und deshalb wird sie zu Hause „eingesperrt". Andere sollen sie nicht „benutzen" dürfen wie er. Darum kämpft der Mann, wenn die Frau andere Beziehungen aufnimmt.

Selbst Prostituierte geben an, daß Männer mit ihnen über sich sprechen wollen, über ihre psychischen Schwierigkeiten, daß sie am Gespräch oft mehr Interesse als am Sex haben. (Vgl. Pieke Biermann, Wir sind Frauen wie andere auch.) Ich denke, daß die gekaufte Sexualität dem Manne oft nur Vorwand ist. Sie zu kaufen ist nicht ehrenrührig, Therapie zu machen sehr wohl. Männer wollen also auch im Bordell Therapie, eigentlich überall, wo sie nicht ausdrücklich als solche angeboten wird. So wenig Selbstwertgefühl haben Männer. Und soviel Illusionen.

Freud sagte noch vornehm: „Die Hauptfunktion des weiblichen Wesens ist es, für die Bedürfnisse des Mannes da zu sein, zu seinem Trost, als sein hilfreicher Engel."

Die Feministinnen Cheryl Benard und Edit Schlaffer schildern die typische Situation zwischen Mann und Frau in „Der Mann auf der Straße". Der amerikanische Schriftsteller John F. Fitzgerald, dem seine Frau Zelda immer alles „ins unreine", wie er sich ausdrückte, schrieb, bevor er, wie er ihr einreden wollte, der Arbeit „den letzten Schliff" gab, weshalb seine Arbeit die „eigentlich kreative" und sie eine talentlose Stümperin sei, hielt einem Psychiater, den Zelda aufsuchte, vor, daß es dessen Aufgabe sei, ihn, das „dichterische Genie", zu stützen. Als dieser ihm vorschlug, seinerseits eine Therapie zu machen, lehnte er empört ab. Anaïs Nin, mit Henry Miller befreundet, half diesem immer mit Gesprächen, die ihn stabilisierten. Sie ging zu Otto Rank, dem Freud-Schüler, um Therapie zu machen und die Psychoanalyse zu lernen. Eines Tages wandte sich auch Rank an sie: „Die Not der anderen steckt mich an, komm, hilf mir." Als Psychoanalytiker verstand es Rank, geschickt zu rationalisieren. Er konnte nicht zugeben, daß es seine eigene Not war, die ihn verzweifeln ließ.

In dem Buch „Mütter und Söhne" von Barbara Franck finden wir unter vielen ähnlichen die typische Aussage eines 41jährigen Schauspielers: „Eine Frau, die stärker ist als ich, werde ich heiraten ... Sie wird begreifen, wie das Verhältnis zwischen ihr und mir funktioniert, sie wird es auch so akzeptieren, und sie wird es weiterentwickeln wollen und eine Vorstellung davon haben, wie sie es und wohin sie es entwickelt. Sie wird eine Vorstellung von meinem Werden haben, eine Idee davon, wie ich werden soll und wo ich enden soll."

Welches sind die weiblichen Bereitschaften der Pflege, Hilfe und Liebe, kurz der Therapie als Umsorgung des Mannes?

Ich gehe von den offensichtlicheren zu den verborgeneren über, hebe nur Bereitschaften hervor, die Männer viel zuwenig haben, die sie lernen müßten, um Frauen gleichberechtigte und gleichverpflichtete Partner werden zu können. Wo Männer das lernen könnten? Bei Frauen, wo sonst! Ich beginne mit dem Lächeln der Frau. Es wärmt den Mann. Männer feixen, grinsen oder lachen jemanden aus. Sie schauen distanziert, cool, desinteressiert, scheinbar überlegen, teilnahmslos oder grimmig entschlossen. Aber sie lächeln nicht. Frauen müssen lächeln. Wenn sie es nicht tun, sind sie dem Mann unsympathisch. Frauen, die es wagen, wie Männer zu sein, ohne den Mann zu umwerben und ihn anzulächeln, werden als unsympathisch empfunden. Ich denke z. B. an die tapfere und kluge Alice Schwarzer, die seit zehn Jahren von Männern angegiftet wird, weil sie aus dem Frauengeschäft des „Lächelns“ ausgestiegen ist.

Wenn Frauen etwas mit Männern zu tun haben wollen, müssen sie diese Dienstleistung erbringen, ungeachtet dessen, was sie sonst leisten, und ungeachtet dessen, wie es ihnen selbst geht. Der Mann fühlt sich durch das Lächeln einer Frau erwärmt und ermutigt, zu allerlei. Er merkt es nicht, da es tief im Innern geschieht. Er merkt auch nicht, wie die Frau, die ihn anlächelt, sich wirklich fühlt. Infolgedessen ist er nicht dankbar für das Lächeln, wenn er es auch gern annimmt. Es ist ihm gewohnt und allzu selbstverständlich.

Hört die Frau aber auf, ihn bei jeder Gelegenheit anzulächeln, dann ist der Traum vorbei. Dann geht der Mann nicht auf sie zu, um sich zu erkundigen, was ihr denn fehle. Automatisch schließt er, daß sie ihn nicht mehr mag. Ohne Lächeln ist sie ihm zu männlich.

Etwas weniger „sichtbar“ ist die Sympathie. Sie bringt Menschen einander näher, und sie birgt Menschen. Männer suchen nur die Nähe ihnen von vornherein, das heißt ohne daß sie selbst aktiv würden, sympathischer Frauen. Sie wollen Zuwendung. Weil sie andererseits die Kontaktaufnahme zu gering einschätzen, trauen sie sie sich nicht zu. Nur dann, wenn sie auf Frauen treffen, die sich ihnen zuneigen und persönlich werden, ihnen also sympathisch sind.

Das prägt sich in der Körperhaltung der Geschlechter aus. Sehen wir einen Mann und eine Frau zusammensitzen, dann sehen wir ihn zurückgelehnt, abgewandt, wie unentschlossen, unsicher und vielleicht nervös, die Frau aber neigt sich ihm zu, unmißverständlich auf ihn bezogen, ruhig und konzentriert auf ihn. Er schaut oft geradeaus, wie ins Leere, sie schaut ihn an. Selbst bei einfachem Zusammenstehen registrieren wir die Bindungsfähigkeit der Frau und die Distanz des Mannes: Die zugeneigte Frau hofiert den cool und selbstverständlich wirkenden Mann, der in Wirklichkeit furchtbar unsicher ist.

George C. Homans hat die These formuliert, daß Menschen sich um so sympathischer werden, je öfter sie miteinander Kontakt haben. Es ist für Männer charakteristisch, daß sie es umgekehrt empfinden. Sie nehmen schwer Kontakt auf, und nur da, wo sie Sympathie spüren. Das männliche Geschlecht macht sich Kontaktnahme leicht oder läßt sie ausfallen. Die hartnäckige und geradezu verbohrte sogenannte Liebeswerbung manchen Mannes um eine bestimmte Frau ist kein Gegenbeweis, weil Männer gerade in dieser Reduzierung der Frau auf ein Sexualobjekt den erotischen Austausch pervertieren.

Ich suche Kontakt mit dem, der mir sympathisch ist, denkt der Mann, und dabei fällt ihm nicht auf, daß ihm nur sympathisch sein kann, wer mit ihm längst Kontakt aufgenommen hat. Begriffsstutzig hat er nichts davon gemerkt. Seine Kontaktfaulheit macht den Mann einsam. Er wartet auf die Frau, die sich seiner erbarmt, auf die sympathische.

Einfühlungsvermögen als weibliche Bereitschaft ist wiederum etwas schwerer wahrnehmbar. Besonders für den Mann. Wenn jemand sich in sein Gegenüber einfühlen kann, fühlt letzteres sich angenommen. Einfühlungsvermögen erwächst auf dem Boden der Sympathie und des Interesses. Die Frau fühlt des Mannes Bedürfnisse und macht sie zu den ihren. Auch Gefahren, in die sich der Mann stürzt, fühlt sie für ihn und weist ihn darauf hin. Dafür erhält sie keinen Dank, weil er sich zunächst nur gebremst und gehindert fühlt. Erst handelt er blindlings, dann wird er gewarnt und fühlt sich dadurch „gezwungen". Weil er zwanghaft ist. Dann schmollt er.

Männer haben ein viel weniger ausgebildetes Einfühlungsvermögen, weil sie die Gefühle anderer fürchten. Sie projizieren eigene Unruhe, davor haben sie Angst. Statt dessen produzieren sie trennende Affekte, z. B. Widerwillen gegen Menschen, Ekel und Verachtung.

Einfühlung ist kein magisches Phänomen, auch nicht schwer erklärbar. Ausschlaggebend für seine Entwicklung bleibt, daß ich die Situation aufsuche, in der der Mensch sich befand, in den ich mich einfühlen möchte. Ich kann mich nicht in Kinder einfühlen, wenn ich meine Kindheit verdränge und mit Kindern keinen Umgang habe. In Frauen nicht, wenn ich meine weiblichen Anteile nie zugelassen habe und nun nicht von Frauen lernen will. Männer meinen bisweilen, sich leicht einfühlen zu können, ohne die entsprechende Situation jemals aufgesucht zu haben: eine Spielart der Omnipotenzphantasie des Mannes. Sie üben das Durchstehen der Situation nicht lange genug.

Eine weitere weibliche therapeutische Bereitschaft ist das Interesse am Mann. Es zeigt sich z. B. durch Fragen an ihn und – das ist ebenso wichtig, wird aber oft vergessen – durch das Auf-die-Antwort-Warten. Interesse an ihrem Gegenüber zeigen Menschen auch, indem sie von sich selbst erzählen, ohne Exhibitionismus und Larmoyanz. Darum fand ich es geradezu dumm, wie Männer früherer Generationen sich über den sogenannten „Klatsch“ der Frauen mokierten. Männer erzählen immer noch viel zuwenig von sich, sie interessieren sich nicht für den anderen Mann und seine Gefühle. Weil sie ihre „andere Seite“, ihren „Schatten“ (Carl Gustav Jung) verdrängen, interessieren sie sich auch nicht für die Psyche der Frau (die Anima). Frauen stellen in Gesprächen durchschnittlich dreimal soviel Fragen wie Männer (Senta Trömel-Plötz, Frauensprache) und zeigen damit echtes Interesse.

An dieser Stelle muß die weibliche Bereitschaft, Trost zu spenden, besonders hervorgehoben werden. Freud empfahl den Schülern der Psychoanalyse, niemanden zu trösten, sich statt dessen zu versagen. Trösten lag ihm zu dicht bei Verliebtheit. Um die sogenannte positive Übertragung (und wohl auch die entsprechende Gegenübertragung) in der aktuellen Beziehung nicht zu stark werden zu lassen, stellte er das Postulat der Versagung auf. Deshalb fehlt auch das Versöhnen im Programm des männlichen Psychologen; er verlangt, daß man sich an ihn anpaßt.

Frauen trösten Männer ununterbrochen. Sie beruhigen sie, reden ihnen gut zu und fangen schwierige, unumgängliche Gespräche an, bekommen aber keinen Trost zurück. Wenn sie ihn brauchen, müssen sie zu anderen Frauen gehen.

Ich habe lange überlegt, wie ich die Grundlage all dessen, die fundamentale Kraft der Frau, nennen kann, aus der ihr das Tröstenkönnen, Interesse, Einfühlungsvermögen und Sympathie erwächst. Es fiel mir schwer, einen Begriff für diese Kraft zu finden, an der wir Männer partizipieren, ohne sie selbst zu besitzen. Ich nenne sie schlicht, obwohl sie reichhaltig und differenziert ist: *Anwesenheit*. Die Frau ist fähig dazu; sie bleibt, wenn der Mann flieht. Sie ist real da, wo der andere Mensch ist, und bei ihm mobilisiert sie ungeheure Kräfte. Beim Kind, bei den Kranken, bei Alten, bei Verzweifelten und bei Sterbenden.

Der Mann ist abwesend, er lebt als emotionales Mangelwesen. Der Frau erscheint er als zwischenmenschliches Vakuum, anziehend zwar, vielversprechend, aber wenn sie bei ihm ist, findet sie nur sich selbst. Die Frau gibt durch ihre Anwesenheit den Halt, den ein Mensch am anderen haben kann. Dadurch wird die Frau zur Heimat des Mannes, seine Sehnsucht zum Heimweh. Sie hört ihm zu, bewundert und fragt ihn, sie hat die Geduld, auf Antwort zu warten. Sie redet nicht nur so herum, und sie agiert nicht so starke Affekte aus.

Die weibliche Anwesenheit und alle geschilderten Stärken der Frau machen die von mir sogenannte „einseitige“ Hilfe aus, die therapeutische Hilfe und Liebesfähigkeit. Um verständlich zu machen, warum ich diese Bereitschaft dennoch „einseitig“ nenne, möchte ich nun die gegenseitige Liebe skizzieren, wie sie auch von Frauen im Patriarchat noch nicht gelebt werden kann, weil das Unverständnis des Mannes zu groß und seine Selbsterkenntnis nicht ausgebildet ist. Ich beschreibe eine Utopie, die wir ab und zu im täglichen Leben erfahren, sonst könnte ich sie nicht wahrnehmen. Wir müssen sie entwerfen, damit sie denen Ziel werden kann, die noch nicht resigniert haben.

Wenn eine Frau mit einem Mann zusammenleben will, muß sie ein ganzes Stück Verantwortung für ihn übernehmen. Wir Männer können das selbstverständlich nicht fordern, und die Frau kann bzw. muß es manchmal verweigern. Aber es genügt nicht, daß eine Frau, die mit dem Mann zusammenleben will, diesen nur kritisiert oder ihre Unzufriedenheit zum Ausdruck bringt. Männer brauchen dringend Hilfe und, obwohl sie das bestreiten, in bestimmten Angelegenheiten Führung durch die Frau. So sind Männer erzogen, und so werden sie mindestens noch einige Generationen lang erzogen werden. Auch die Söhne von Feministinnen, das muß ich befürchten. Auch sie werden weiterhin auf weibliche Hilfe angewiesen sein, besonders dann, wenn sie von ihren Müttern so verwöhnt werden, wie es z. B. Leona Siebenschön in ihrem Buch „Der Mama-Mann“ fordert.

Es ist äußerst unwahrscheinlich, eigentlich unmöglich, daß ein Mann von sich aus darüber nachdenken wird, wie er seiner geliebten Partnerin das Geschenk seiner Nähefähigkeit, Hilfsbereitschaft und Anwesenheit machen kann. Die Frau muß ihren Mangel ernst nehmen und den Mann darauf aufmerksam machen. Konsequent darauf hinweisen, daß sie nicht bereit ist, mit ihm zusammenzuleben, wenn er sich nicht auf den therapeutischen Weg macht.

Ich möchte den Männern folgendes sagen, wenn sie mich fragen, warum es in der Beziehung nicht geht, warum die Frau wegläuft. Ich sage es ihnen so, weil ich es von Frauen so gehört habe und mich enorm bemühen muß, zu behalten, was frau auch mir gesagt hat:

Du arbeitest zuviel, um vor deiner Angst zu fliehen.

Du hast zuwenig Zeit für deine Frau und ihre Anliegen.

Du zeigst ihr deine Zuneigung nicht, nur deine sexuellen Wünsche.

Du hörst ihr nicht zu, wenn du auch dasitzt.

Du fragst sie nicht, wie es ihr geht, nach ihren Sorgen mit dir.

Du bist immer müde, wenn sie dich braucht.

Du wirbst nicht um sie, du bittest nicht, du forderst und verlangst.

Du weißt alles besser.

Besonders in Gegenwart Dritter bist du unzärtlich zu ihr.

Dir ist nicht bewußt, welches Geschenk sie dir mit ihrer Anwesenheit macht.

Sie kann sich bei dir nicht anlehnen.

Du bist auf ihre anderen Kontakte grundlos eifersüchtig.

Diese Dinge müssen Frauen den Männern sagen und noch vieles mehr. Sie müssen darauf bestehen, daß Männer diese Dinge erfahren. Erfahren sie sie nicht, machen sie die Ohren weiterhin zu, dann bleiben sie kindisch, bleiben ein Geschöpf der Frau, aber ein sehr unselbständiges. Da haben die einseitig therapierenden, nicht konsequenten Liebespartnerinnen wahrscheinlich einen psychischen Gewinn, sie tragen dazu bei, daß beide Partner sich wechselseitig Abhängigkeitsbedürfnisse befriedigen: Er bleibt Kind, und sie bleibt die Dienerin des Kindes, wie bei Mutter und Sohn. Sogenannte Liebe ist einseitige Therapie. Welche therapeutischen Konsequenzen gehören zur gegenseitigen Liebe? Welche Konsequenzen müßte die Frau ziehen? Selbstverständlich müßte sich auch der Mann diese Fähigkeiten aneignen, aber seine Aufgabe ist weit größer als die der Frau, weil er meist nicht einmal die einseitige Liebe geben kann. Ohne Zweifel ist es die vordringliche Aufgabe des Mannes, seiner Frau therapeutisch zu werden. Daß er lernt, seine Frau zu lieben und sich nicht länger nur von ihr lieben zu lassen.

Konsequent lieben – was heißt das? Den anderen nicht verwöhnen oder schonen. Gefühle von Enttäuschung, Trauer und Wut deutlich zeigen und nicht aufstauen oder hinunterschlucken. Die Frau sollte darauf achten, daß sie nicht mit dem Manne zusammen in einer Wohnung lebt, oder mindestens darauf, daß ihr genausoviel Materielles gehört wie ihm, und darauf, daß sie nicht unruhig oder unsicher wird, wenn er sie deswegen „despotisch" nennt. Wenn er die Auseinandersetzung nicht annimmt, sollte sie streiken, nicht nur die Sexualität, sondern auch alle anderen mütterlichen, hausfraulichen und therapeutischen Dienstleistungen verweigern.

Wen frau liebt, dessen Fehler sollte sie benennen: die störenden und dem Zusammenleben schädlichen Charakterzüge und jene Haltungen, die die Frau und gegebenenfalls ihre Kinder an ihrer Entwicklung hindern. Dazu gehört die stumpfsinnige Kontaktverweigerung des Mannes. Er muß andere Beziehungen aufbauen, Freundschaften zu Männern und nicht zwanghaft erotische, auch nicht sexuell gefärbte zu Frauen. Männer haben zu Frauen meist nur eine sexuelle oder gar keine Beziehung. Zu mehr reicht ihre Phantasie nicht. Sie werden ärgerlich, wenn die Frau sie darauf hinweist.

Entstehende Affekte müssen gemeinsam durchgearbeitet werden. Dann können beide auch den Rollentausch erproben, auf dem Boden feministischer Erkenntnisse, im Haushalt, mit den Kindern, in der Sexualität und hinsichtlich der therapeutischen Zuwendung. Um den aufkommenden Zorn des Mannes zu ertragen, muß die Frau in der Lage sein, ihre Unsicherheit zu begreifen: Sie läßt ihre Zumutung stehen und hat Geduld. Der Mann will immer die schnelle Lösung, die effektive, die sichere. Deshalb bricht er komplizierte Gespräche ab. Zu oft wenden Frauen sich mit ihren Beziehungswünschen an die Männer, die nicht in der Lage oder willens sind, sie zu erfüllen und sich in die Frau einzufühlen. Der chauvinistisch gelagerte Mann versteht ihre permanente Werbung als Schwäche und Inkonsequenz. Die Frau, die unter ihm leidet, weiß nicht, daß er auf sie angewiesen ist und daß allein ihre Konsequenz darüber entscheidet, ob der Mann an ihrer Zumutung vorbeikommt oder nicht. Obwohl er sich nicht führen lassen will, sollte die liebende Frau danach trachten, die Führung zu übernehmen, auch gegen seinen Widerstand. Frauen lassen sich viel zu häufig von Männern gängeln, die sich umgekehrt von den Frauen nicht führen lassen. Das Ergebnis dieser Asymmetrie ist Unterdrückung der Frau und gesellschaftliche Hierarchie. Männliche Führung erkennen wir an der Gewalt, die sie anwendet, sei sie offener oder subtiler Art. Einsichtigere Männer lassen sich von der Frau führen, nicht permanent, nicht regelmäßig, sondern jeweils für diese eine Situation, dieses eine Gespräch, im Hier und Jetzt und nicht ein für alle Mal. Morgen führt eventuell wieder ein anderer.

Die Tabus des Mannes müssen durchbrochen werden. Er setzt Tabus, die wir an seiner großen Empfindlichkeit erkennen, an seiner mürrischen, einsilbigen Reaktion, wenn frau ihm näher rückt. Seine Verschweigeregeln sind die Organisationsstatuten einer einseitigen Liebespartnerschaft. Dabei müßte ein aufgeschlossener Mann gerade die Anstöße ernst nehmen, die er tatsächlich als anstößig empfindet, weil sie ihm fremd sind. Wenn es um frauliche Belange geht, entwickelt der Mann die Unklarheit, Verschwommenheit und Dummheit, weil sie Bestandteile seines männlichen Lebensplans sind.

Frau wird nicht umhin kommen, ihre eigenen Inkonsequenzen im Umgang mit dem uneinsichtigen Mann durchzuarbeiten. Inkonsequent, fordert sie nicht und sagt nicht nein. Auch die Frau hat Anlaß, sich zu fragen, wer sie ist im Verkehr mit diesem hartgesottenen Mann. Wer sie aber ist, sieht sie daran, wie der Mann lebt und sich entwickelt, dem sie sich zugehörig fühlt. Auf die Hände, nicht auf den Mund muß sie ihm schauen, also sehen, was er tut, nicht auf das hereinfallen, was er immer wieder widerwillig sagt, um passiven Widerstand zu leisten. Sie muß ihn daran messen, wie er seine Lebensaufgaben bewältigt, wie er arbeitet und spricht und wie gesund er ist. Die liebende Frau ringt um ihre eigene Selbstachtung, um das realistische Gefühl, daß sie wertvoll, tüchtig und voller Kraft ist, den Mann bewegen zu können. Dazu braucht sie Quellen des Interesses und der Befriedigung, die außerhalb der Beziehung zu diesem Mann liegen. Frau kann eben nicht gleichzeitig an der Gestaltung der Beziehung zum Mann und an ihm arbeiten und außerdem seine Anerkennung dafür haben wollen. Der sich Entwickelnde leidet und hat alle Hände voll mit sich selbst zu tun. Deshalb müssen Frauen fordern, daß Männer von ihnen lernen, sie anfangs imitieren und im fortgeschrittenen Stadium der Liebesbeziehung sich mit ihnen identifizieren. Mit dem emotionalen Wachstum soll der Mann sich anfreunden. All das kann nur gelingen, wenn die Frau nicht versucht, so zu werden, wie der Mann ist, wenn sie ihre weiblichen Stärken mit der Konsequenz verbinden kann, die dem Mann nicht mehr die Möglichkeit läßt, ihre Meinung zu ignorieren und zu unterdrücken. Die liebende Frau darf dem Mann nicht länger gestatten, sich von ihr lieben zu lassen und selber nicht zu lieben.

Bernhard Strauß

Empfängnisverhütung und Sexualverhalten der Männer

Fakten – Hintergründe – Veränderungen

Ohne Zweifel, die Männer sind in Bewegung geraten. Dies zeigt sich nicht nur an einer Flut von Männerliteratur, die in den vergangenen Jahren über uns hereingebrochen ist, nicht nur an der Tatsache, daß Männer sich treffen, um miteinander über ihre Ängste und Unzufriedenheiten zu sprechen. Es zeigt sich auch in der Wissenschaft, wo der Mann (wie auch dieses Buch belegt) mit einem Mal interessant geworden ist, interessant auch im Zusammenhang mit Themen, die über lange Zeit als unwesentlich und wissenschaftlich unergiebig galten, wie die männliche Sexualität, die männliche Haltung zur Fruchtbarkeit, Familienplanung und Empfängnisverhütung. Der Grund für dieses neue Interesse an den Männern ist sicherlich vielfältig. Einer der Gründe dürfte sein, daß traditionelle männliche Rollen zunehmend in Frage gestellt wurden und, gleich in welchem Lebensbereich, in persönlichem und medizinischem, wie auch im gesellschaftlichen Sinne mehr und mehr als ungesund erachtet werden (vgl. Harrison 1986).

Der Frage, ob die Bewegung, in die die Männer geraten sind, möglicherweise auch zu einer Veränderung führt und ob Männer wirklich nach einer neuen Identität suchen, soll hier im Zusammenhang mit der Sexualität und dem Verhütungsverhalten nachgegangen werden. In beiden Bereichen haben sich in den vergangenen 15 bis 20 Jahren dramatische Wandlungen ergeben, die die Männer nicht unberührt lassen konnten.

Bezeichnet mit den Stichworten „Sexuelle Revolution“ oder „Sexuelle Liberalisierung“, haben sich seit den späten sechziger Jahren sexual-moralische Haltungen und damit auch das Sexualverhalten und Einstellungen zu Beziehungen, Ehe und Familie geändert. Günter Amendt beschreibt dies folgendermaßen: „In der Folge ... wurde das gesamte öffentliche Leben sexualisiert. Die Scham- und Peinlichkeitsgrenze verschob sich, Ekelschranken fielen und mit ihnen das Nacktheitstabu. Die Werbung wie auch die Massenmedien vereinnahmten sexuelle Stimuli für ihre Verkaufszwecke. Das Sexuelle wurde nicht nur öffentlich darstellbar, es wurde auch aussprechbar und bereicherte das lexikalische Wissen der Bevölkerung um ein umfangreiches Vokabular. Auch der sexualwissenschaftliche Diskurs blühte auf, Sexualerziehung wurde gar in Richtlinien verpackt. Um das Sexuelle gruppierten sich Emanzipationsbewegungen ... auch die Diskussionen der Frauenbewegung kreisten beharrlich ums Thema. Schließlich wurde das Sexuelle auf seinem Weg von der Sexfront in die Heimwerkernische domestiziert, privatisiert und entpolitisiert. Im Rückblick will das Sexualleben von damals manchmal wie die Jagd auf eine Wildkatze erscheinen, während wir uns heute eher ein Haustier halten, das wir nicht nur füttern, sondern im Zeichen der Therapisierung von allem und jedem auch noch bereden und bequatschen" (Amendt 1986, 42–43). In der Tat läßt sich die von Amendt behandelte Zeitspanne auf der Basis sexualwissenschaftlicher Untersuchungen beschreiben als eine Periode, in der beispielsweise Schichtunterschiede im Sexualverhalten geringer wurden, der Einfluß der mit sexueller Freizügigkeit zusammenhängenden religiösen Bindungen geringer wurde und der restriktive Einfluß der Eltern auf die Sexualität ihrer Kinder deutlich nachließ (vgl. Clement 1986). Dies alles stellt eine Entwicklung dar, die in sexualpolitischen Analysen unterschiedlicher theoretischer Ausrichtungen als folgerichtig und zwangsläufig prognostiziert wurde (vgl. z. B. Schelsky 1957; Reiche 1968).

Ähnlich dramatische Veränderungen haben sich im Zusammenhang mit dem Verhütungsverhalten ergeben. Nach Einführung der hormonalen Kontrazeption in den sechziger Jahren hat sich die Verteilung der Lasten bei der Empfängnisverhütung deutlich zuungunsten der Frauen verschoben. Marsiglio (1985) ist der Auffassung, daß im Laufe der sechziger Jahre die Verantwortung für die Verhütung von den Männern an die Frauen übergeben worden sei und daß diese Übergabe gerechtfertigt wurde mit dem Hinweis auf den Mangel an der Pille vergleichbaren effektiven Verhütungsmethoden für Männer. Die Bemühungen der pharmazeutischen Industrie bei der Weiterentwicklung von Verhütungsmethoden scheint in der Tat hauptsächlich auf Methoden für Frauen ausgerichtet. So berichtet die britische Familienplanungsorganisation, daß von den hierfür weltweit verfügbaren Mitteln nur 6% für „männliche Methoden" aufgewandt werden (Wellings 1985).

Der erwähnte Umschwung in der Verantwortung für die Kontrazeption wurde zwar immer von kritischen Stimmen begleitet, eine ausführlichere Betrachtung der männlichen Haltung zur Kontrazeption in der Ära der hormonalen Empfängnisverhütung erfolgte allerdings kaum. 1971 bereits, zu einer Zeit, in der die Pille noch weitgehend akzeptiert war, meinte Margaret Mead (zitiert nach Djerassi 1979), daß die hormonale Kontrazeption ausschließlich die Erfindung des Mannes sei. Sie begründete diese Feststellung damit, daß Männer einfach nicht bereit seien, mit ihren eigenen Körpern zu experimentieren, obwohl dies möglicherweise einfacher wäre. Als ideales Verhütungsmittel bezeichnete sie eine Pille, die sowohl der Mann als auch die Frau einzunehmen hätte. Vergleichbar kritische Stimmen zur männlichen Haltung gegenüber der Kontrazeption mehrten sich in den Jahren, in denen eine „Pillenmüdigkeit" zu beobachten war. Phasen einer derartigen Pillenmüdigkeit wurden in der Bundesrepublik ab 1977 erstmalig, zum zweitenmal zu Beginn der achtziger Jahre an einem Rückgang des Umsatzes von Ovulationshemmern deutlich. Auf der Grundlage eigener empirischer Untersuchungen zu diesem Phänomen ist zu vermuten, daß durch die jahrelange Anwendung oraler Kontrazeptiva erst in den letzten Jahren auch die negativen Aspekte ihrer Anwendung wahrnehmbar geworden sind (vgl. Ulrich u. a. 1987). Diese negativen Aspekte beziehen sich z. B. auf die gesundheitliche Bedenklichkeit der hormonalen Kontrazeption, ihre Nebenwirkungen, die künstliche Beeinflussung natürlicher Körpervorgänge etc. Dabei zeigt sich auch, daß zahlreiche Frauen den Wunsch äußern, den Partner wieder mehr an der Verhütung zu beteiligen. In diesem Wunsch scheint oftmals auch die Entscheidung begründet, sichere, aber gesundheitlich bedenkliche Verhütungsmittel wie die Pille und die Spirale aufzugeben. Die Entscheidung für alternative, natürliche Verhütungsmethoden, wie etwa das Diaphragma, wird offenbar gefördert, wenn die männlichen Partner Mitverantwortung, Interesse und Handlungsbereitschaft erkennen lassen (Appelt u. a. 1983).

Diese kurze und allgemeine Charakterisierung eines Wandels der Sexualität und des Verhütungsverhaltens macht deutlich, daß wir uns gegenwärtig in einem Stadium befinden, in dem wesentliche Veränderungen offenbar vollzogen sind. Nachfolgend soll nun der Frage nachgegangen werden, ob dieser Wandel auch bei Männern zu Einstellungsänderungen geführt hat und ob diese ihren Niederschlag im männlichen Verhalten in der Sexualität und in der Kontrazeptionspraktik gefunden haben.

Ausgangspunkt der Überlegungen sollen „Fakten" aus zwei umfangreicheren sexualwissenschaftlichen Untersuchungen sein, die in den vergangenen Jahren durchgeführt wurden. Die eine Studie aus der Abteilung für Sexualforschung an der Universität Hamburg, auf die Bezug genommen wird, wurde ausführlich von Clement (1986) dargestellt. Im Jahr 1981 replizierte Clement eine schriftliche Befragung von

Studenten zu deren Sexualverhalten und zu deren sexuellen Einstellungen, die erstmals im Jahre 1966 von Giese und Schmidt durchgeführt worden war. Die Replikation der Studie bietet die Möglichkeit, Veränderungen zu überprüfen, die sich innerhalb der 15 Jahre zwischen 1966 und 1981 möglicherweise vollzogen haben könnten. Dies ist um so interessanter, als die erste Untersuchung zu einem Zeitpunkt stattfand, in dem der Prozeß der sexuellen Liberalisierung wahrscheinlich seinen Ausgang nahm. Clement vermutet, daß insbesondere Studenten, also junge, mobile und gut ausgebildete Personen, auf mögliche soziale Veränderungen sensibel reagiert haben könnten.

Mit einem Fragebogen, der weitgehend mit jenem aus der Untersuchung von 1966 identisch war, befragte Clement Studenten von insgesamt 13 Universitäten. Die Ergebnisse der Studie beziehen sich auf die Angaben von insgesamt 1923 Studenten (1106 Männer und 816 Frauen). Schwerpunkte der Befragung waren die Bereiche Sexualverhalten (insbesondere Masturbation, Koitus und homosexuelles Verhalten), Einstellungen zur Sexualität und Vorstellungen von Partnerschaft und Partnerschaftsformen. Trotz einiger Einschränkungen (beispielsweise betrug der Rücklauf der Studie 1981 nur 36%, während er 1966 bei fast 60% lag) bieten die Ergebnisse Clements die Möglichkeit, Veränderungen im Sexualverhalten zu betrachten, insbesondere deren Unterschiede zwischen Männern und Frauen.

Die zweite Studie, die ebenfalls im Hamburger Institut für Sexualforschung in den Jahren 1984 und 1985 durchgeführt wurde (ausführlich dargestellt bei Barth und Strauß 1986), hatte zum Ziel, eine Momentaufnahme der männlichen Haltung zur Empfängnisverhütung zu erheben. Auch diese Studie wurde mit Hilfe einer schriftlichen Befragung durchgeführt. Die Fragen bezogen sich auf die aktuellen und vergangenen Erfahrungen mit Empfängnisverhütung, auf die Einstellung zu einzelnen Kontrazeptiva und zur Kontrazeption allgemein sowie auf das Wissen über kontrazeptive Methoden. Daneben wurden Bereiche wie Erfahrungen und Einstellungen im Zusammenhang mit Partnerschaft und Sexualität, Vaterschaft und Kinderwunsch erhoben. In der Studie wurden insgesamt 580 Männer befragt. Den größten Teil der Gesamtstichprobe machen mit 77% Männer aus, die sich auf Aufrufe in zwei Hamburger Zeitungen und in einer Sendung des NDR bereit erklärten, an der Untersuchung teilzunehmen. Dem Erhebungsmodus entsprechend handelt es sich hier selbstverständlich nicht um eine repräsentative Stichprobe. Erwartungsgemäß ergab sich eine Selektion in Richtung höherer Schulbildung. Wenn man sich allerdings die Schwierigkeiten, Männer zu intimen Aspekten wie Sexualität und Verhütungsverhalten zu befragen, vor Augen hält, so ist es sicherlich als Erfolg zu betrachten, daß es in der Studie gelang, eine derart große Zahl von Männern zu motivieren und dabei doch zumindest eine gewisse Varianz zu erreichen, was die Berufsausbildung und andere soziographische Merkmale anbelangt. Die meisten Männer, die sich an dieser Befragung beteiligten, waren zwischen 20 und 35 Jahren alt. Die Mehrzahl davon lebte in einer festen Partnerbeziehung. 41% der befragten Männer hatten eigene Kinder.

Nachfolgend soll nun auf einige für das Thema wichtige Ergebnisse dieser beiden Studien eingegangen werden. Zunächst soll dabei Bezug genommen werden auf das sexuelle Verhalten und die sexuellen Einstellungen von Männern. Es folgen dann Überlegungen zum sexuellen Erleben und zu sexuellen Problemen. Schließlich werden die Ergebnisse zur Kontrazeption und zum Verhütungsverhalten von Männern dargelegt; eine etwas künstlich anmutende Trennung, die aber – wie wahrscheinlich noch deutlich werden wird – Männern durchaus geläufig ist und entgegenkommt.

Seuxalverhalten, sexuelle Einstellungen und sexuelles Erleben

Wie erwähnt, standen in der Untersuchung von Clement insbesondere Merkmale des Sexualverhaltens und die sexuellen Einstellungen von Studenten im Blickpunkt. Betrachtet man die Ergebnisse zum Koitus im Vergleich mit den Angaben der Studenten in der 1966er Studie, so wird deutlich, daß bei Männern und Frauen das Alter beim ersten Geschlechtsverkehr ganz erheblich gesunken ist. Die 1981 befragten Studenten hatte ihre ersten sexuellen Erfahrungen danach im Durchschnitt 3–4 Jahre früher als die Studenten im Jahr 1966. Die Veränderungen waren bei Frauen viel ausgeprägter als bei Männern: Waren es 1966 noch die Männer, die früher ihre ersten Koituserfahrungen machten als die Frauen, so war das Verhältnis 1981 umgekehrt. Mit 20 Jahren hatten 1981 80% der Frauen Koituserfahrung, dagegen nur 67% der Männer. Alles in allem zeigen diese Ergebnisse, daß sich zumindest in den Koituserfahrungen Geschlechtsunterschiede umgekehrt haben. Dies trifft für andere Verhaltensmodalitäten nicht zu, wie noch zu zeigen sein wird. Erwähnenswert im Hinblick auf spätere Überlegungen ist ein weiteres Ergebnis aus der Untersuchung von Clement, das sich auf die Anzahl der Koituspartner und die Partnermobilität bezieht (vgl. dazu Clement u. a. 1984). Geringe Geschlechtsunterschiede, die 1966 noch bestanden und auf eine etwas erhöhte Partnermobilität bei Männern hinwiesen, waren 1981 nicht mehr deutlich. Betrachtet man die Partnermobilität von Studenten, die in festen Beziehungen leben, so scheint sich auch hier ein 1966 bestehender Geschlechtsunterschied geringfügig umgekehrt zu haben: 34% der Frauen hatten 1981 zumindest eine Nebenbeziehung zu einer festen Partnerschaft. Dies galt nur für 29% der Männer, was Clement und seine Mitarbeiter (1984) als eine geringfügige Tendenz der weiblichen Studenten zu vermehrter „sexueller Untreue" interpretieren.

Eine deutliche Verringerung von Geschlechtsunterschieden ergab die Untersuchung zur Studentensexualität auch im Hinblick auf das Masturbationsverhalten, insbesondere das Masturbationsvorkommen. Hier gab es zwar keine Umkehr in der kumulierten Erfahrung mit Masturbation, aber doch eine deutliche Angleichung zwischen Männern und Frauen: Mit 20 Jahren hatten 92% der Männer im Jahre 1981 Masturbationserfahrung und 73% der Frauen (1966 lagen die Zahlen bei 89 bzw. 46%). Weniger gering – und dies dürfte von Interesse für Überlegungen zur männlichen Sexualität sein – waren die Veränderungen von Unterschieden zwischen männlichen und weiblichen Studenten in der Masturbationshäufigkeit, die in der männlichen Teilstichprobe 1981 wie 1966 erheblich höher lag. Clement interpretiert diese beiden Ergebnisse mit der Vermutung, daß sich sexuelle Normen bezüglich der Masturbation für Frauen mehr verändert hätten und somit auch zu Änderungen im Verhalten, hier speziell der Masturbation, geführt hätten. Daß die Frequenz dieses „ohnehin praktizierten Verhaltens" bei Männern deutlich höher liegt, scheint ein Signal dafür zu sein, daß die männliche Bereitschaft, auf bestimmte Situationen sexuell zu reagieren, höher ist als bei Frauen, Männer also eher dazu tendieren, eine Situation zu „sexualisieren". Dies wird dargestellt vor dem Hintergrund von Überlegungen, die bereits Phyllis Greenacre (1958) und später Robert Stoller (1976) anstellten, wonach Männer generell dazu tendieren, Sexualität für nichtsexuelle Bedürfnisse und Konflikte zu funktionalisieren, und damit gleichzeitig das „subjektive Erleben von sexueller Potenz für Männer eine wichtige narzißtische Quelle ihrer Identität darstellt" (Clement 1986). Nach Clement könnte man aufgrund dieser Ergebnisse vermuten, daß die Masturbation für Frauen tatsächlich den Wert einer *Selbst*befriedigung aufweist, während sie bei Männern eher der *Ersatz*befriedigung dient.

Kurz hingewiesen sei noch auf ein weiteres Ergebnis aus der Studie, das sich auf die sexuellen Einstellungen von Männern und Frauen bezieht. Veränderungen in diesem Bereich verliefen bei Männern und Frauen weitgehend gleichförmig. Einstellungen zur Masturbation, Homosexualität, Virginität beispielsweise, aber auch zu außerehelichen Beziehungen für Männer und Frauen haben sich deutlich in Richtung Permissivität verändert. Die meisten dieser Aspekte sind für die Studenten 1981 in den Bereich der „Selbstverständlichkeit" gerückt (wobei anzumerken ist, daß sie, abgesehen von außerehelichen Beziehungen, bereits 1966 außerhalb des Tabubereichs lagen).

Zusammenfassend läßt sich auf der Basis der Ergebnisse von Clement sagen, daß in der Zeit zwischen 1966 und 1981 Frauen die Männer fast eingeholt, teilweise sogar überholt haben, was ihre sexuellen Erfahrungen anbelangt. Wichtig im Hinblick auf Spezifika der männlichen Sexualität scheinen dabei besonders die erwähnten Ergebnisse zum Masturbationsverhalten zu sein.

Die aufgeführten Befunde aus der Untersuchung zur Studentensexualität beziehen sich vorwiegend auf die Verhaltensebene der Sexualität. Besonders bei Männern ist bislang noch sehr wenig über die Erlebnisebene bekannt. Einige Spekulationen hierzu lassen sich auf der Basis der Studie zum Verhütungsverhalten (Barth und Strauß 1986) anstellen und auf der Grundlage klinischer Erfahrungen mit Männern, die wegen sexueller Störungen Hilfe suchen.

Die Beurteilung und Sicht der eigenen Sexualität und der Sexualität von Frauen erschien ein für die Einstellungen zur Kontrazeption und für das Verhütungsverhalten von Männern bedeutsamer Einflußfaktor. Kurz zusammengefaßt zeigte sich dabei folgendes: Lediglich 27% der befragten 580 Männer waren mit der Häufigkeit ihrer Sexualkontakte zufrieden. Dabei wurde eine Diskrepanz deutlich zwischen den Angaben zur Häufigkeit des praktizierten Sexualverkehrs und der Vorstellung, wie häufig ein Mann eigentlich sexuellen Verkehr haben sollte, welche wesentlich höher lag. Generell scheint für Männer die Häufigkeit sexueller Kontakte von größerer Bedeutung zu sein, als die Art und Weise ihrer Gestaltung, mit der nur 10% eindeutig unzufrieden waren.

Eine Beurteilung der weiblichen Sexualität durch Männer kann gleichzeitig als eine Einschätzung der eigenen Sexualität gewertet werden. Lediglich 12% der Männer waren der Meinung, daß sich die männliche und die weibliche Sexualität nicht wesentlich voneinander unterschieden. 53% waren der Ansicht, Frauen seien in der Sexualität empfindsamer, 42% gingen davon aus, daß Frauen sexuelle Aktivitäten intensiver erlebten, und 29% beschrieben die Sexualität von Frauen als vielseitiger. Ebenfalls 29% meinten allerdings auch, daß Frauen schwerer erregbar seien als Männer. Bei diesen Einschätzungen schneidet insgesamt also die männliche Empfindsamkeit und Erlebnisvielfalt eher schlecht ab.

Nach sexuellen Schwierigkeiten und Problemen bei sich selbst und bei ihren Partnerinnen gefragt, nannten immerhin ⅓ der Männer eigene sexuelle Probleme (am häufigsten eine vorzeitige Ejakulation: 21,4%; Erektionsstörungen nannten 6%). Fast die Hälfte schrieb den Partnerinnen sexuelle Probleme zu, vor allem Orgasmusstörungen (19%) und Lustlosigkeit (17%). Diese Angaben könnten möglicherweise begründet sein in der bereits weiter oben genannten Unzufriedenheit mit der Häufigkeit von Sexualkontakten, für die demnach in einem Großteil der Fälle die Partnerin (bzw. deren „Lustlosigkeit") verantwortlich gemacht wird.

Im Gegensatz zu anderen Studien (z. B. der Befragung von Metz-Göckel und Müller 1986) malen die Männer aus unserer Befragung keineswegs ein rosiges Bild von ihrer eigenen Sexualität. Alles in allem scheinen die Männer ein recht „unsinnliches" Verhältnis zu ihrer Sexualität zu besitzen, das von Leistungsdruck und Versagensangst mitgeprägt ist. Dies stimmt beispielsweise überein mit den Vermutungen von Zilbergeld (1983), einem der ersten, die sich in den vergangenen Jahren innerhalb der wissenschaftlichen Literatur ausgiebig mit der Sexualität des Mannes beschäftigten. Zilbergeld nimmt an, daß Männer ein Phantasiemodell von ihrer Sexualität internalisiert haben, das beispielsweise beinhaltet, daß man keine Gefühle zeigen dürfe, daß, wie in anderen Bereichen auch, hauptsächlich die Leistung zählt, der Mann immer die Verantwortung und Führung übernimmt, immer bereit und willig ist und daß „befriedigender Sex die lineare Progression sich steigernder Erregung ist, deren Resultat nur ein Orgasmus sein kann" (Zilbergeld 1983).

Diese Hypothese läßt sich auch auf der Basis klinischer Erfahrungen mit Männern stützen. Hier ist zunächst einmal bemerkenswert, daß in der Praxis der Sexualberatung seit einigen Jahren eine deutliche Zunahme des Anteils von Männern an der Gesamtklientel zu verzeichnen ist, insbesondere von Männern, die in keiner festen Paarbeziehung leben oder deren Partnerinnen nicht bereit oder motiviert sind, an einer Beratung oder Therapie teilzunehmen. Es ist kaum anzunehmen, daß die Häufigkeit sexueller Störungen bei Männern massiv zugenommen hat. Eher ist wahrscheinlich, daß Männer in letzter Zeit eher bereit sind, „Leidensbewußtsein" zu entwickeln und ihre sexuellen Unzulänglichkeiten einzugestehen.

Um den hohen Anteil an Männern in Sexualberatungsstellen zu verdeutlichen, sei auf die Statistiken der Sexualberatungsstelle der Hamburger Abteilung für Sexualforschung verwiesen (vgl. Schorsch u. a. 1984): 55% von insgesamt 1 136 Patienten, die sich in der Zeit von 1980 bis 1983 wegen sexueller Schwierigkeiten an die Institution wandten, waren Männer. Davon gab immerhin ¼ an, ohne Partnerin zu leben. Daß die Sexualberatungspraxis von dieser Zunahme an männlichen Patienten überrascht wurde, zeigt sich z.B. daran, daß es an Beratungs- und Therapiekonzepten für Männer ohne Partnerin bislang mangelt, während einige Therapieprogramme für Paare und sexuelle Minderheiten in der Zwischenzeit gut ausgearbeitet und evaluiert sind (vgl. z. B. Arentewicz und Schmidt 1986; Schorsch u. a. 1985).

Aufgrund eigener Erfahrungen mit Therapiegruppen mit Männern, die sexuelle Funktionsstörungen entwickeln, können wir fünf wesentliche Schwerpunkte in der Problematik dieser Klientel differenzieren. Diese Schwerpunkte sind massive Probleme mit dem Selbstwert, Schwierigkeiten mit Entspannung, Schwierigkeiten mit Leistungsdruck und Versagertum, Probleme mit Einsamkeit und schließlich Beziehungsängste. Sicherlich spielen diese Aspekte auch in der Therapie von Frauen eine Rolle, aufgrund unserer Erfahrungen sind aber insbesondere die Schwierigkeiten mit Leistungsdruck und Versagertum und die immensen Probleme, sich zu entspannen und somit auch ein entspanntes Verhältnis zum eigenen Körper zu entwickeln, bei Männern deutlich ausgeprägter. Auch die Erkenntnis, einsam und allein zu sein, scheint für Männer deutlich problematischer (im Rahmen der verhaltenstherapeutisch orientierten Therapien wurden die Männer aufgefordert, Körperselbsterfahrungsübungen zu machen, die von ihnen oftmals sehr stark als Beleg dafür interpretiert wurden, daß sie eben partnerlos und zunächst auf die Exploration ihres eigenen Körpers beschränkt sind. Diese Art von Körperselbsterfahrung wird innerhalb von Frauengruppen offenbar wesentlich positiver erlebt und bewertet; vgl. Clement 1985 und die oben angestellten Überlegungen zum Unterschied von Selbst- und Ersatzbefriedigung bei Frauen und Männern).

Zu den Faktoren, die die Entstehung des männlichen Phantasiemodells von der Sexualität begünstigen, gehören sicherlich typisch männliche Sozialisationsbedingungen. Ein Aspekt, der zu diesem Thema gehört, soll hier noch erwähnt werden. Bei allen Männern, die an den Therapiegruppen teilnahmen, fiel auf, daß in ihren Beziehungen zu den Eltern der Vater als sehr schwach, wenig anwesend oder gar nicht vorhanden erlebt wurde, während offenbar immer schon eine sehr enge Beziehung zur Mutter bestand. So scheint die Mutter auch die wichtigere Person zu sein, wenn es um sexuelle Aufklärung, das Besprechen erster sexueller Erlebnisse, aber auch die Vergabe von „Leitlinien“ für die Sexualität geht. Dem Vater kommt offenbar nur in sehr wenigen Fällen eine wichtige Rolle zu. Dies zeigte sich auch an einem Ergebnis aus der Untersuchung zum männlichen Verhütungsverhalten. Hier wurde deutlich, daß die Mütter der Männer in Fragen der Sexualität doppelt so häufig Gesprächspartner waren wie die Väter (35% gegenüber 16%). Die Väter wurden allgemein in bezug auf die Sexualität von den befragten Männern als wesentlich indifferenter und zurückhaltender erlebt als die Mütter, die wiederum teilweise als sehr restriktiv und einschränkend geschildert wurden. Dies zeigt, daß Männer in ihrer Entwicklung „sexuelle Vorbilder“ wohl außerhalb ihrer Familie suchen müssen und dabei nur allzuleicht auf Phantasiemodelle stoßen.

Verhütungsverhalten und Einstellung zur Kontrazeption

Der Aspekt der Empfängnisverhütung spielte – wie so oft in sexualwissenschaftlichen Studien – in der mehrfach erwähnten Untersuchung zur Studentensexualität nur eine untergeordnete Rolle. Ein Ergebnis sollte aber doch Erwähnung finden, da es auf die ebenfalls dramatischen Veränderungen in diesem Bereich in der Zeit zwischen 1966 und 1981 hindeutet. Während 1966 nach Angaben der männlichen Studenten in 22% der Fälle die Partnerinnen für Verhütung zuständig waren, waren es im Jahre 1981 bereits 64%. Bei den weiblichen Studenten gaben 1966 noch 71% an, der männliche Partner sei für die Verhütung zuständig; 1981 taten dies nur noch 8%.

In Tabelle 1 sind die Angaben der 580 Männer aus unserer eigenen Untersuchung zu den Verhütungsmethoden enthalten, die gegenwärtig in den jeweiligen Partnerbeziehungen benutzt werden. Diese Angaben werden den Prozentsätzen aus anderen Studien gegenübergestellt, so z. B. der Untersuchung von Oeter und Wilken (1981), die im Auftrag des Bundesministeriums für Familie und Gesundheit durchgeführt wurde, oder einer Untersuchung von Riphagen (1986), die von der International Health Foundation finanziert wurde. Im Vergleich zu den anderen Studien fällt in unserer eigenen Stichprobe der relativ hohe Anteil der Kondombenutzer (18%) ebenso auf wie der hohe Prozentsatz vasektomierter Männer (9%). In den meisten Fällen bleibt allerdings auch hier die Partnerin für die Kontrazeption zuständig. In der erwähnten Untersuchung von Oeter und Wilken (1981) ergab sich beispielsweise, daß in 6% aller Fälle gemeinsam verhütet wurde, wenn man als gemeinsam benutztes Mittel nur die periodische Enthaltsamkeit definierte. In 32% der Fälle wurde nach Oeter und Wilken gemeinsam verhütet, wenn man chemische Mittel, das Diaphragma, das Kondom und den Coitus interruptus hinzuzählte. In unserer eigenen Studie wären dies dementsprechend 4% bzw. 40% bei der weitgefaßten Definition, die gemeinsam mit ihrer Partnerin Empfängnisverhütung betreiben, der Unterschied ist also nicht bedeutsam.

Die Pille, das am häufigsten benutzte Verhütungsmittel, ist auch das Kontrazeptivum, mit dem die meisten Männer in ihren Beziehungen (auch in der Vergangenheit) bereits Erfahrungen gemacht hatten (90%). 80% der 580 Männer verfügten über Erfahrungen mit dem Kondom, 40% über solche mit chemischen Mitteln, und 37% praktizierten in der Vergangenheit den vorzeitigen Abbruch des Verkehrs.

Auf die Bedeutung der ersten Erfahrungen, der Aufklärung und möglicher Informationsquellen in der Pubertät wurde bereits im Zusammenhang mit dem Sexualverhalten kurz hingewiesen. Unsere Untersuchung zeigt, daß die Aufklärung über Empfängnisverhütung im Durchschnitt am spätesten erfolgte, verglichen mit der Aufklärung über Aspekte der Sexualität (nämlich im Mittel mit 14 Jahren). Ein Viertel der Männer gab an, überhaupt nicht über Verhütung aufgeklärt worden zu sein. Die übrigen meinten alle, vom Kondom erfahren zu haben, ¾ wurden über die Pille informiert, ⅔ über die Möglichkeit des Coitus interruptus und nur ⅖ über andere als die genannten Methoden. Mit ihrer ersten Sexualpartnerin hatten 62% der Männer zum Zeitpunkt ihres ersten Sexualverkehrs eine längere, feste Beziehung. Möglicherweise ist dadurch erklärbar, daß immerhin 45% angaben, vor dem ersten Coitus mit ihrer Partnerin über eine mögliche Schwangerschaft und deren Verhütung gesprochen zu haben. 38% sprachen darüber nicht. In nur 20% der Fälle wurde beim ersten Sexualverkehr kein Schutz angewandt. Diese Angabe liegt weit niedriger als in einigen anglo-amerikanischen Studien (vgl. z.B. Morrison 1985). Die Pille und das Kondom waren mit jeweils 28% die am häufigsten benutzten Kontrazeptiva beim ersten Verkehr.

Ein in der Literatur sehr häufig genannter Aspekt, wenn es um die Beteiligung an Empfängnisverhütung geht, ist die Feststellung eines Mangels an Wissen über die Sicherheit, Wirkweise und Anwendung einzelner Kontrazeptiva, der insbesondere bei Männern vermutet wird (vgl. Morrison 1985). In der hier dargestellten Studie wurde das Wissen in mehrerlei Hinsicht überprüft. Was den Bekanntheitsgrad einzelner Verhütungsmethoden anbelangt, so zeigte sich, daß fast alle Männer die Pille, die Spirale und das Kondom kannten, ebenso wie die Möglichkeit der Vasektomie bzw. Sterilisation der Frau und des Coitus interruptus. Chemische Mittel, die Temperaturmethode und die Methode der Zeitwahl sind ebenfalls noch einem großen Prozentsatz bekannt. Lediglich die Hälfte weiß von der Existenz des Diaphragma, noch weniger kennen Portiokappe und Schleimstrukturmethode.

Auf vorgegebenen Skalen sollten die Männer die Sicherheit der einzelnen Verhütungsmethoden einschätzen. Das Ergebnis dieser Beurteilung zeigte, daß die Männer hierüber relativ klare und korrekte Vorstellungen haben. Die Rangfolge der Sicherheit, so wie sie sich aus der Befragung ergab, ist beispielsweise fast identisch mit den in der Literatur gemachten Angaben zur Zuverlässigkeit von Kontrazeptiva (vgl. z. B. Döring 1983).

Zur Funktion, Anwendung und zu Besonderheiten einzelner Verhütungsmethoden sowie zu einigen reproduktionsphysiologischen Vorgängen wurden jeweils 4 bis 5 Feststellungen vorgegeben, die auf ihre Richtigkeit hin zu überprüfen waren. Die befragten Männer zeigten sich danach am besten über die „männlichen" Methoden zur Empfängnisverhütung informiert. Auffällig war, daß das Wissen über gebräuchliche Methoden wie Spirale oder Pille und über den Zeitpunkt der Ovulation vergleichsweise gering war. Die Männer meinten aber offenbar, darüber mehr zu wissen, was sich in einem hohen Anteil falscher Antworten gegenüber unsicheren („weiß nicht") Antworten ausdrückte. Dennoch zeigte die Befragung, daß abgesehen von einigen spezifischen Verhütungsmitteln wie etwa der Schleimstrukturmethode die Männer entgegen der häufig geäußerten Erwartung durchaus über die meisten Kontrazeptiva informiert sind, was man als Hinweis dafür werten kann, daß mangelndes Wissen über die Empfängnisverhütung kein ausschlaggebender Grund für die geringere Beteiligung von Männern an der Kontrazeption sein kann.

Die persönliche Einschätzung einzelner Kontrazeptiva wurde im Rahmen der Befragung auf unterschiedlichen Ebenen angesprochen, das heißt, es wurde differenziert nach dem Verhalten (das bereits kurz dargestellt wurde), nach allgemeineren Einstellungen, nach konkreteren und umsetzbaren Einstellungen sowie nach der persönlichen Betroffenheit. Entsprechend diesen verschiedenen Ebenen und Verbindlichkeiten erfolgten sehr unterschiedliche Beurteilungen der gleichen Aspekte. Tabelle 2 gibt einen Überblick über drei verschiedene Arten der Beurteilung von Verhütungsmitteln. Zum einen sind in der Tabelle die Antworten auf die Frage „Welcher Methode würden Sie den Vorzug geben?" wiedergegeben. Hier entschieden sich 57% für die Pille, immerhin 32% für das Kondom, 28% für die Spirale und 26% für die Vasektomie. Als Begründung wurden im Zusammenhang mit dieser Frage im wesentlichen Aspekte wie die Sicherheit, die Praktikabilität oder gegebenenfalls Natürlichkeit der Methode genannt. Die Frage „Wie angenehm empfinden Sie die ihnen bekannten Mittel?" war schon etwas konkreter. Hier stand das Kondom als aktive männliche Verhütungsmethode bereits weniger hoch in der Gunst, die Pille wurde deutlich am angenehmsten empfunden, gefolgt von der Spirale. Noch deutlicher zeigte sich der Widerspruch bei der Frage, welches Mittel denn Männer am meisten störe. Sämtliche „männlichen Methoden", dazu chemische Mittel, wurden auf diese Frage am häufigsten genannt. Aspekte wie die Sicherheit oder Natürlichkeit spielten bei dieser Frage kaum noch eine Rolle. Als Haupteinwand wurde besonders häufig genannt, daß die Sexualität beeinträchtigt sei. Bei der Frage nach den Mitteln, die Frauen am meisten störten, zeigte sich übrigens, daß die gesundheitliche Bedenklichkeit von Pille und Spirale von den Männern sehr wohl anerkannt wird, was nichts an der eigenen Bevorzugung ändert. Je mehr die Fragen das eigene Urteil betreffend auf eigene Erfahrungen und emotionale Aspekte abzielten, desto negativer wurden nach unseren Ergebnissen die den Männern verfügbaren Mittel eingeschätzt.

Von besonderem Interesse war schließlich die Beurteilung der beiden „klassischen männlichen Methoden", nämlich des Kondoms und des Coitus interruptus. Immerhin 27% benutzen das Kondom sehr häufig, 11% praktizierten sehr häufig den vorzeitigen Abbruch des Verkehrs. Die persönliche Meinung zu den beiden Methoden war durchweg negativ. Beeinträchtigungen der eigenen Sexualität, aber auch der Sexualität der Partnerin wurden bei der Beurteilung der Methoden weitaus am häufigsten genannt. Dennoch halten immerhin 16% das Kondom für ein gutes, bewährtes Mittel.

Als vorläufiges Resümee der Ergebnisse ließe sich folgendes festhalten: Zu verzeichnen war in der Befragung gegenüber Angaben aus Studien, die mehrere Jahre zurückliegen, ein deutlicher Einstellungswandel. 90% der von uns befragten Männer waren beispielsweise der Auffassung, daß Verhütung nicht allein Sache der Frau sei (in der bekannten Untersuchung von Helge Pross (1976) beispielsweise waren nur 54% dieser Meinung). Auf einer allgemeinen und unverbindlichen Ebene befragt, signalisieren viele Männer ihre Bereitschaft, sich auch aktiv an der Empfängnisverhütung zu beteiligen. Diese Bereitschaft wird aber um so geringer, je genauer nach erlebnisbezogenen Erfahrungen mit Kontrazeptiva gefragt wird. So wird alles in allem eine deutliche Diskrepanz zwischen der Einstellung und dem tatsächlichen Verhütungsverhalten sichtbar, die wesentlich begründet scheint in der negativen Wertung der Methoden, die Männern zur Verfügung stehen, die aber auch deutlich wurde in der Beurteilung von weiblichen Methoden, sofern sie, wie z. B. das Diaphragma, den Ablauf der sexuellen Interaktion stören und die Verbindung sexueller Aktivitäten mit der Möglichkeit einer Schwangerschaft ins Bewußtsein rufen.

Wie bereits erwähnt, liegen der Studentenuntersuchung von Giese und Schmidt vergleichbare Studien zum Verhütungsverhalten aus den sechziger und siebziger Jahren nicht vor. Über Veränderungen während dieser Zeit kann man allerdings spekulieren anhand von Vergleichen verschiedener Altersgruppen aus unserer eigenen Studie. Drei Gruppen wurden hierzu miteinander verglichen, nämlich die 16- bis 25jährigen, die 26- bis 30jährigen und die 31- bis 50jährigen. Kurz zusammengefaßt ergaben die Vergleiche, daß – was die Erfahrungen mit Kontrazeption anbelangt – die Gruppe der älteren Männer über Sexualität und Verhütung deutlich später aufgeklärt wurde und beim ersten Koitus deutlich häufiger keine Verhütungsmittel benutzte. Die Häufigkeit, mit der die Älteren beim ersten Mal auf Verhütung verzichteten, könnte auch damit erklärt werden, daß diese Gruppe ihre ersten sexuellen Erfahrungen eher *nicht* in bereits dauernden, festeren Beziehungen machte und somit auch erheblich seltener mit der ersten Partnerin über Verhütung sprach. Betrachtet man die Erfahrung mit einzelnen Kontrazeptiva insgesamt, so ergab sich für fast alle Mittel eine beinahe lineare Zunahme der Häufigkeit von Erfahrungen mit dem Alter. Eine Ausnahme bildete hier lediglich das Diaphragma, mit dem die Gruppe der 25- bis 30jährigen mit Abstand am häufigsten Erfahrungen hatte.

Diese mittlere Gruppe kannte generell die meisten Methoden und zeigte sich in den Wissensfragen am besten informiert. In der Beurteilung von Kontrazeptiva fanden sich hingegen kaum Unterschiede zwischen den drei Altersgruppen. Die älteren Männer beurteilten lediglich das Kondom positiver, ebenso die Möglichkeit der Vasektomie, wobei die Männer der Stichprobe, die selbst vasektomiert waren, fast ausnahmslos der Gruppe der über 30jährigen zuzuordnen war. Zusammengefaßt zeigte sich hier, daß insbesondere die Gruppe der 25- bis 30jährigen eine besonders große Bereitschaft signalisierte, sich vermehrt selbst an der Verhütung zu beteiligen. Die gleiche Gruppe verfügte auch über die meisten Erfahrungen mit „alternativen" Verhütungsmitteln, wie z. B. dem Diaphragma als einer Methode, die eine Bereitschaft zur Mitwirkung und eine Beteiligung des männlichen Partners erfordert. In dieser Gruppe scheint deshalb die Diskrepanz zwischen Einstellung und Verhalten noch am geringsten. In anderen Aspekten der Befragung, einschließlich der Beurteilungen der männlichen und weiblichen Sexualität, fanden sich keinerlei erwähnenswerte Unterschiede zwischen den drei Altersgruppen. Im Hinblick auf Veränderungen ließe sich dieses Ergebnis so interpretieren, daß in der Gruppe der jetzt 25- bis 30jährigen ein deutlicher Effekt der Diskussionen um die Verantwortung für die Kontrazeption sichtbar wird, der aber bei den Jüngeren schon wieder weniger ausgeprägt ist. Ob sich auch in dieser Gruppe die Diskrepanz zwischen Einstellung und Verhalten noch verringern wird, läßt sich aufgrund unserer Befragung nicht klären.

Schlußfolgerungen

Selbstverständlich bleiben sexualwissenschaftliche Studien wie die erwähnten aufgrund ihrer Methodik nur an der Oberfläche. Über die Hintergründe der dargestellten Ergebnisse läßt sich gegenwärtig lediglich spekulieren. Was die Ergebnisse zum männlichen Sexualverhalten anbelangt, so ist zu konstatieren, daß sich wesentliche Geschlechtsunterschiede in den vergangenen 20 Jahren verringert, teilweise sogar ins Gegenteil verkehrt haben. Dies mußte zwangsläufig zu einer Veränderung und zu einem Aufweichen „sexueller Rollen" führen. Konkreter gesprochen müssen Männer heute damit rechnen, daß ihre Partnerinnen beispielsweise erfahrener sind als sie selbst, daß sie eine freizügigere Einstellung haben auch zu sexuellen Nebenbeziehungen, was vor 20 Jahren in diesem Maße noch nicht der Fall war.

Wesentlich im Zusammenhang mit den Ergebnissen zur Sexualität aus der Untersuchung von Clement sind sicherlich die Ergebnisse zur

Masturbation, die darauf hindeuten, daß Männer die Sexualität häufiger „funktionalisieren“, also benutzen, um nichtsexuelle Spannungen zu reduzieren. Eine weitere Hypothese von Clement u. a. (1984) im Zusammenhang mit diesem Resultat besagt, daß die Sexualität darüber hinaus für Männer eine der wenigen „zulässigen“ und verfügbaren Formen emotionalen Ausdrucks darstellt, während das Repertoire hierfür bei Frauen weitaus vielfältiger ist.

Ein Aufweichen sexueller Rollen bei der gleichzeitig bestehenden speziellen Bedeutung der Sexualität für Männer mußte zwangsläufig zu einer Verunsicherung und zu Zweifeln an dem männlichen Phantasiemodell sexueller Beziehungen führen. Dies könnte unter anderem die klinische Beobachtung erklären, daß Männer auch eher bereit werden, sexuelle Unzulänglichkeiten zuzugeben (s. auch die Ergebnisse der Befragung zum Verhütungsverhalten). Daß das Phantasiemodell der männlichen Sexualität aber nach wie vor bedeutsam ist, zeigt sich an den berichteten Ergebnissen zum Verhütungsverhalten.

Die Funktion der Kontrazeption, Fortpflanzung von sexueller Lust zu trennen, scheint nach unseren Ergebnissen für Männer besonders wichtig zu sein, da Beeinträchtigungen der sexuellen Lust, wie sie eine Reihe von Verhütungsmitteln unter Umständen mit sich bringen können, tunlichst vermieden werden. Je bewußtseinsferner eine Methode (Pille und Spirale allen voran), desto eher kommt sie den Vorstellungen der Männer entgegen.

Es ist aber nicht nur die Interferenz mit „reibungslosem Funktionieren“, die Männer offensichtlich daran hindert, sich mehr mit der Empfängnisverhütung auseinanderzusetzen, sondern auch eine Reihe anderer Gründe.

Sicherlich spielt die historische Entwicklung eine Rolle, insbesondere die Vorherrschaft der Pille unter den Kontrazeptiva in den letzten beiden Jahrzehnten. Die vermeintliche Einfachheit ihrer Anwendung hat wie erwähnt auch die wissenschaftlichen Bemühungen um neue Kontrazeptiva beeinflußt und eine Weiterentwicklung von Methoden für den Mann gebremst. Der amerikanische Bevölkerungswissenschaftler Djerassi (1979) sagte vorher, daß „jede Amerikanerin, die 1979 die Pubertät hinter sich hat ... auch bereits die Menopause hinter sich haben wird, bevor sie sich auf ihren männlichen Sexualpartner und dessen Pilleneinnahme verlassen könnte“.

Wesentlich wichtiger als historische Ursachen (und zweifellos damit verknüpft) scheinen Beziehungsaspekte und unbewußte Motive für die Erklärung des männlichen Verhaltens. Die Empfängnisverhütung ist sicherlich eines der Felder, auf denen der Kampf zwischen den Geschlechtern ausgetragen wird. Ein Aspekt dieses Kampfes ist die Frage, ob denn – trotz wiederholter Forderungen – Frauen heute überhaupt noch bereit sind, die nun einmal erworbene Kontrolle über ihre Fruchtbarkeit aufzugeben. Diese Vermutung wurde z.B. von Heinrichs (1982) geäußert, wenn er meint: „Wichtig scheint mir zu sein, daß vielen Frauen ihre Zuständigkeit für die Schwangerschaftsregelung nicht nur eine Belastung und vielleicht eine gesundheitliche Gefährdung bedeutet. Sie kann für sie auch bedeuten, daß damit Frauen die Kontrolle über die Schwangerschaftsregelung in der Hand behalten, also in diesem Feld ganz bewußt weibliche Macht verteidigen und nicht preisgeben. Denn sie wollen nicht mehr den unzuverlässigen, selbstherrlichen kleinen Patriarchen die Möglichkeit überlassen, sie zu schwängern oder nicht zu schwängern. Also gilt es vielleicht den Einfluß der Männer auf die Verhütungspraxis zu verhindern?“ (13).

Über die unbewußte Bedeutung der Kontrazeption sind wir mehr als in anderen Bereichen auf Spekulationen angewiesen. Interessanterweise gibt es unseres Wissens lediglich eine psychoanalytische Betrachtung dieses Themas (Devereux 1965). Devereux nennt in seiner Studie einige Beispiele dafür, daß Kontrazeptiva für den Mann ein Bestrafungspotential besitzen können, insbesondere dann, wenn die Frau auf der Anwendung einer Verhütungsmethode besteht. Die Gummihaut des Kondoms schützt nach Devereux nicht nur vor dem Sperma, sondern kann die Bedeutung erlangen, daß sie vor dem gesamten Glied und auch vor dem Mann schützt, der sich somit als zurückgewiesen erleben kann. Eine andere Bedeutung beschreibt Devereux anhand der Erinnerungen eines seiner Analysanden. Dieser berichtete, daß er in seiner Kindheit Präservative aus dem Nachttisch seines Vaters stahl, die Innenseite mit Vaseline bestrich und mit diesem „realistischen Vaginaersatz“ masturbierte. An diesem Fall wird eine ödipale Thematik deutlich. Ähnlich wie hier kann das Überziehen des Kondoms in der Partnersexualität die Bedeutung eines Koitusersatzes haben. So ist es möglich, daß aus dem Anlegen eines Kondoms während des Vorspiels eine Lustminderung vor dem Koitus resultiert, da die Dimension des Koitusersatzes die reale Vereinigung überdeckt. Naheliegend ist schließlich, auf die „kastrierende“ Wirkung bestimmter Kontrazeptiva hinzuweisen. Dies sei verdeutlicht an einem zufällig entdeckten Zitat Norman Mailers, auf das Scheugl (1974) in einer Abhandlung über Sexualität und Neurose im Film eingeht: „Norman Mailer spricht sich in ‚The Presidental Papers‘ (1963) gegen jede Art von Geburtenkontrolle aus, da sie offenbar seiner männlichen Potenz einen Riegel vorschiebt, ob er sie nun nützt oder nicht. Er schreibt: ‚Ich hasse Verhütungsmittel ... Sie sind widerlich. Dann sollen lieber gleich noch die verdammten Kommunisten herüberkommen.‘ Klarer kann der unbewußte Zusammenhang zwischen kommunistischen Kastrierern und der Furcht vor dem Potenzverlust gar nicht formuliert werden" (112).

Einen wesentlichen Beitrag zur Klärung der unbewußten Bedeutung der Empfängnisverhütung für den Mann könnten in den letzten Jahren entfachte Diskussionen innerhalb der psychoanalytischen Literatur leisten, die sich um die Vorstellung des Gebärneides oder Schwangerschaftsneides des Mannes und um die Beobachtung ranken, daß das Vermögen der Frau, Kinder zu gebären und somit den Fortbestand der Sippe, der Familie etc. zu sichern, Männer aller Kulturkreise verunsicherte und zu den unterschiedlichsten Reaktionen im Kontext von Schwangerschaft und Geburt veranlaßte. Im Zusammenhang mit diesem Stichwort sei hier auf die Arbeiten von Bettelheim 1975; Bräutigam 1976; Benz 1984; Zapperi 1984 oder Devereux 1986 verwiesen.

Die dargestellten Aspekte sind wahrscheinlich nur einzelne Facetten in einem sehr komplexen System von Faktoren, die das männliche Verhalten im Bereich der Sexualität und Empfängnisverhütung beeinflussen. Der Umstand, daß diese Facetten zunehmend in den Blickpunkt wissenschaftlichen Interesses geraten sind, ist sicherlich das Resultat der Bewegung, in die Männer geraten sind bzw. in die sie versetzt worden sind. Es hat aber den Anschein, als müßten Männer sich zunächst einmal noch auf der Stelle und mit sich selbst bewegen, bevor die Bewegung in eine Vorwärtsbewegung in Richtung „neuer Identität" münden kann.

Literatur

Arentewicz, G./Schmidt, G. (1986), Sexuell gestörte Beziehungen, Heidelberg

Amendt, G. (1986), Was ist los mit dem Sexuellen? in: Psychoanalyt. Seminar Zürich (Hrsg.), Sexualität, Frankfurt

Appelt, H./Strauß, B./Schneider, D./Iendra, A. (1983), Erfahrungen mit dem Diaphragma, in: Sexualpäd. Familienplanung 11, 6–26

Barth, E./Strauß, B. (1986), Männer und Verhütung, Braunschweig

Benz, A. (1984), Der Gebärneid der Männer, in: Psyche 38, 307–328

Bettelheim, B. (1975), Mannbarkeitsriten, Frankfurt

Bräutigam, W. (1976), Der Gebärneid, in: Psyche 30, 217–227

Clement, U. (1985), Männergruppen - Frauengruppen, in: Sexualmedizin 13, 209–213
Clement, U. (1986), Sexualität im sozialen Wandel, Stuttgart
Clement, U./Schmidt, G./Kruse, M. (1984), Changes in Sex differences in sexual behavior: a replication of a study on west german students, in: Archives of sexual behavior 13, 99–120
Devereux, G. (1965), A psychoanalytic study of contraception, in: J. of Sex. Research 1, 105–134
Devereux, G. (1986), Frau und Mythos, München
Djerassi, C. (1979), The politics of contraception, New York
Döring, G. (1983), Empfängnisverhütung, Stuttgart
Greenacre, Ph. (1958), Early physical determinants in the development of the sense of identity, New York
Harrison, J.B. (1986), Warnung: Die männliche Geschlechtsrolle birgt Gefahren, in: J. M. Swanson/K. A. Forrest (Hrsg.), Die Sexualität des Mannes, Köln
Heinrichs, J. (1982), Männerverhütung, in: Sexualpäd. Familienplg. 10, 13
Marsiglio, W. (1985), Husband's sex role preferences and contraceptive intentions: the case of the male pill, in: Sex Roles 12, 655–663
Metz-Göckel, S./Müller, U. (1986), Der Mann, Weinheim
Morrison, D.M. (1985), Adolescent contraceptive behaviour - a review, in: Psychol. Bull. 98, 538–568
Oeter, K./Wilken, M. (1981), Psychosoziale Entstehungsbedingungen unerwünschter Schwangerschaften, Stuttgart
Pross, H. (1976), Die Männer, Reinbek
Reiche, R. (1968), Sexualität und Klassenkampf, Frankfurt
Riphagen, F. E. (1986), Contraception in Germany anno 1985, Genf
Schelsky, H. (1957), Soziologie der Sexualität, Reinbek
Scheugl, H. (1974), Sexualität und Neurose im Film, München
Schorsch, E./Schmidt, G./Clement, U., u. a. (1984), Sexualberatungsstelle - Konzept und Ergebnisse, Hamburg
Schorsch, E./Galedary, G./Haag, A./Hauch, M./Lohse, H. (1985), Perversion als Straftat, Heidelberg
Stoller, R. (1976), Perversion, Reinbek
Ulrich, D./Appelt, H./Strauß, B. (1987), Eine empirische Untersuchung zum Phänomen der Pillenmüdigkeit, in: Psychother. med. Psychol. 37, 347–354
Wellings, D. (1985), Defining the problem. In: FPA (Hrsg.), Men, Sex and Contraception, London
Zapperi, R. (1984), Der schwangere Mann, München
Zilbergeld, B. (1983), Männliche Sexualität, Tübingen

Tabelle 1
Gegenwärtig benutzte Verhütungsmittel
(Häufigkeitsangaben aus verschiedenen Befragungen)

Mittel	Eigene Studie 1985 580 Männer	Brigitte-Studie „Der Mann 85“ 1985 683 Männer	Brigitte-Studie zur Verhütung 1981 3333 Frauen	BMJFG 1979 1480 Frauen	IHF 1985 1113 Frauen
Pille	31%	36%	41%	50%	33%
Spirale	14%	5%	26%	4%	10%
Kondom	18%	6%	11%	11%	7%
Diaphragma	8%	1%	8%	?	?
Coitus interruptus	4%	3%	2%	10%	
Zeitwahl/ Temperaturm.	4%	4%	6%	5%	24%
Sterilisation:					
- Mann	9%	1%	2%	1%	
- Frau	5%	2%	5%	6%	7%
Andere Mittel	6%	1%	1%	4%	?
keine Verhütung	8%	21%	4%	9%	19%

Quelle: Barth und Strauß 1986

Tabelle 2
Differentielle Beurteilung einzelner Kontrazeptiva

Welcher Methode würden Sie den Vorzug geben? (%)	
Pille	57,4
Kondom	32,6
Spirale	28,3
Sterilisation des Mannes	26,2
Temperatur	14,8
Zeitwahl	14,1
Diaphragma	13,1
Sterilisation der Frau	11,4
Schleimstruktur	6,4
Chemische Mittel	5,5

Wie angenehm empfinden Sie einzelne Verhütungsmittel?*	**(Mittelwerte)**
Pille	1,4
Spirale	2,1
Kondom/Diaphragma	2,8
Dreimonatsspritze	3,0
Sterilisation des Mannes/ Portiokappe	3,1
Zeitwahl/Temperatur	3,2
Schleimstrukturmethode	3,3
Sterilisation der Frau	3,7
Chemische Mittel	4,0
Coitus interruptus	4,7

Welches Verhütungsmittel stört Männer am meisten? (%)	
Kondom	56,8
Coitus interruptus	28,6
Chemische Mittel	15,5
Sterilisation	4,7

* (1 – sehr angenehm, 5 – sehr unangenehm)

Wolfgang Prenzel

Vom Patriarchen zum Hausmann?

*Eingeschränkte Erwerbsarbeit von Männern: Lebensstilexperimente in der Arbeitsgesellschaft**

Arbeit - genauer: Berufsarbeit - ist die heilige Kuh der Männer. Folgerichtig ist in einer Gesellschaft, die von Männern geprägt ist, die Arbeit auch die heilige Kuh der Gesellschaft. Leistung, Fleiß, Disziplin, „Made in Germany": mit diesen Begriffen ließ sich lange Jahre das Selbstverständnis der Deutschen umschreiben. Arbeit ist in einer „Leistungsgesellschaft" nicht nur für das Bruttosozialprodukt zentral, sondern sie bestimmt auch den sozialen Status des einzelnen. Nicht nur das Einkommen, auch das Selbstwertgefühl hängt von ihr ab. Gerade an den Folgen der Arbeitslosigkeit läßt sich ablesen, wie zentral die Arbeit ist. Wenn sie fehlt, bricht sozialer Kontakt, bricht oft das gesamte Koordinatensystem des Alltags zusammen.

Fast alle Männer im erwerbsfähigen Alter (98%) arbeiten Vollzeit, das heißt, für sie sind andere Lebensbereiche, Freizeit, Familie, Hobbys etc. nachgeordnet. Männer, die freiwillig zu Hause bleiben, um sich diesen Bereichen zu widmen, gibt es fast gar nicht. In Stichproben von 2000 oder 10000 Personen findet man nur selten einen, für repräsentative Statistik eignet sich diese Gruppe nicht. Und auch die Gruppe der teilzeiterwerbstätigen Männer ist mit 1–2% sehr klein, zumal man vermuten kann, daß das Gros dieser Gruppe nicht freiwillig die Berufsarbeit einschränkt: Die einen finden keinen Vollzeitarbeitsplatz (z. B. im Wissenschaftsbereich), bei anderen erzwingt die Rücksicht auf die Gesundheit die Einschränkung. Man kann zusammenfassen: die gegenwärtige Gesellschaft hält für den Mann eigentlich nur die Rolle des Vollzeit-Erwerbstätigen bereit.

Für Frauen sieht es anders aus: für sie ist neben dem Hausfrauendasein (ca. 50%) auch das Vollzeit- (ca. 33%) und das Teilzeiterwerbsleben (ca. 17%) - zumindest statistisch - etwas Normales (Bielenski und Strümpel 1987). Zwei stabile Trends lassen sich in den letzten 25 Jahren feststellen: die vermehrte Erwerbstätigkeit verheirateter

* Vgl. ausführlich die beiden Forschungsberichte für das Bundesministerium für Jugend, Familie, Frauen und Gesundheit: Strümpel, Prenzel, Scholz, Hoff 1987; Bielenski und Strümpel 1987.

Frauen (von 32,3% [1960] auf 42,5% [1984] angestiegen) und die Zunahme weiblicher Teilzeitarbeit (von 8,6% auf 32% aller weiblichen Erwerbstätigen).[1] Es fügt sich also zusammen: Die Vollzeiterwerbstätigkeit der Männer gibt in der Rollenaufteilung zwischen Mann und Frau fast immer den Ton an. Der Mann arbeitet, die Frau bleibt zu Hause. Und wenn die Frau auch erwerbstätig ist, dann meistens in Teilzeitarbeit, um „etwas hinzuzuverdienen" oder „mitzuarbeiten", wie man landläufig sagt.

Vor diesem Hintergrund ist es bemerkenswert, daß eine gar nicht so kleine Minderheit der vollzeiterwerbstätigen Männer bereit ist, die heilige Kuh „Arbeit" zu schlachten oder wenigstens in ihre Grenzen zu weisen. 10% der Männer geben an, daß sie gerne auf Dauer (4%) oder vorübergehend (6%) Teilzeit arbeiten würden (Bielenski und Strümpel 1987)[2], womit vor allem Wochenarbeitszeiten um 30 Stunden gemeint sind, und zwar auch ohne Verdienstausgleich. Für diese Männer hat sich die Bedeutung des Berufs und des Einkommens relativiert. Insbesondere in der Bundesrepublik ist eine Distanzierung von der Arbeitswelt festzustellen. Für die einen ist das Anlaß zu apokalyptischen Visionen vom Untergang der protestantischen Arbeitsethik (Disziplin, Fleiß, Leistungsbereitschaft) und damit vom Ende des deutschen Wohlstands (z. B. Noelle-Neumann), für andere bietet sich dagegen eine verheißungsvolle Interpretation an, die mögliche Behebung zentraler Fehler des Systems:

- Abkehr vom übertriebenen wirtschaftlichen Wachstum mit seinen negativen Folgen;
- konfliktfreie Umverteilung von Arbeit zugunsten der Arbeitslosen und der „Stillen Reserve": vom Arbeitsvolumen her würde die Rechnung aufgehen, auch unter Berücksichtigung der Wünsche nach Mehrarbeit, wie die Analyse der Arbeitszeitwünsche der Deutschen zeigt (Bielenski und Strümpel 1987);
- und last not least: Rollendifferenzierung für den Mann, Gleichberechtigung von Mann und Frau, kinderfreundliche Gestaltung des Familien- und Arbeitslebens.

Diese und andere Wohlfahrtsgewinne ließen sich erzielen, wenn die Chancen einer Umverteilung der Arbeit entsprechend den Teilzeitwünschen der Bevölkerung gesehen würden. Nun stehen allerdings alle im Beweisnotstand, die von der Möglichkeit vermehrter freiwilliger Teil-

[1] Vgl. Bach u. a. 1986/87.

[2] Dieser Trend ist stabil; vgl. auch Landenberger 1983.

zeitarbeit für Frauen *und* Männer schwärmen. Es gibt, wie gesagt, kaum teilzeiterwerbstätige Männer bzw. Hausmänner. Und von den 10%, die sich eine Reduzierung ihrer Arbeitszeit wünschen, hat sich noch keiner (Bielenski und Strümpel 1987) um eine Teilzeitstelle bemüht. Sind es also Lippenbekenntnisse, die in sich zusammenfallen, wenn es zum Schwur kommt? Solche Überlegungen waren ein Anlaß, sich eingehend mit der kleinen Gruppe der freiwillig eingeschränkt erwerbstätigen Männer - sprich: Hausmänner und teilzeiterwerbstätigen Männer - zu befassen.[3]

Es wurden 64 Intensivinterviews mit entsprechenden Männern und ihren Partnerinnen (wo möglich) geführt, und 427 Männer (325mal auch die Partnerin) wurden mit Hilfe eines standardisierten Fragebogens befragt. Die Auswahl war mühsam und kann nicht repräsentativ sein, da niemand weiß, wie die zu repräsentierende Grundgesamtheit aller deutschen „Haus- und Teilzeitmänner" aussieht. In unserem Sample sind 70% der Männer zwischen 28 und 39 Jahre alt. Auffallend ist außerdem das sehr hohe Bildungsniveau: 65% der Teilzeit- und 45% der Hausmänner haben Abitur, gegenüber nur 21% in der entsprechenden Altersgruppe der Gesamtbevölkerung. Es mag eine gewisse Verzerrung gegeben haben, weil die Beteiligungsaufrufe in Zeitungen insbesondere bei besser gebildeten Redegewandten und -willigen Gehör fanden. Dennoch: wir können auch nicht sagen, daß unsere Gruppe *nicht* repräsentativ ist.

Trotz dieser gewissen Einschränkung läßt sich erkennen, welche Faktoren zusammenspielen, wenn es nicht beim Lippenbekenntnis bleiben soll. In Abänderung eines Werbespruchs kann man sagen: Sechs Dinge braucht der Mann ... - wenn er seine Erwerbstätigkeit einschränken soll. Dabei sind sowohl situative (Kind, Einkommen der Partnerin) als auch persönlichkeitsspezifische Momente maßgeblich, sie wirken in jeweils unterschiedlicher Stärke zusammen:

1. *Das Ideal einer egalitären Rollengestaltung.* - In den Intensivinterviews kam immer wieder der starke Wunsch nach einer gleichberechtigten Partnerschaft zum Ausdruck. Typisch ist folgende Äußerung:

[3] Das Projekt „Konsequenzen einer eingeschränkten Erwerbsarbeit von Männern für die betroffenen Familien" wird vom Bundesministerium für Jugend, Familie, Frauen und Gesundheit gefördert und an der Forschungsstelle Sozialökonomik der Arbeit der FU Berlin durchgeführt. (Leiter: Prof. Dr. B. Strümpel; Mitarbeiter: Dipl. Kfm. H. Boeven, S. Longolius, G. Maischein, Dipl. Soz. W. Prenzel; Zusammenarbeit mit der Arbeitszeitberatung Dr. A. Hoff und Partner); Projektende Juli 1987.

... also ich konnt' mir einfach kein Familienleben vorstellen, wo jemand zu Hause sitzt und sehnsüchtig wartet, daß man nach Haus' kommt, nach der Arbeit nach Hause kommt. Dazu hatte ich einfach keine Lust, dazu hatten wir beide keine Lust ... Und wir wußten beide, daß es für uns auf jeden Fall 'ne tolle Sache ist, weil keiner von uns sich vorstellen konnte, ganz zu Hause zu sein. Und wir hatten die große Chance, eben 'ne andere Art von Familienleben zu führen und uns auch abzulösen, mit Arbeit abzulösen, mit Sorgen abzulösen und uns auch wirklich entlasten zu können (Lektor in Teilzeitarbeitsverhältnis, 34 Jahre, verheiratet, ein Kind).

Eine solche Einstellung alleine reicht jedoch nicht aus, um zu erklären, warum die befragten Männer ihre Erwerbsarbeit freiwillig eingeschränkt haben. Sie bildet nur eine – wenn auch wichtige – Motivationskomponente, anderes muß hinzukommen.

2. *Abschied vom „Wirtschaftswachstumswunderglauben"*. – Persönliche Lebensziele und gesellschaftliche Zielvorstellungen der hier untersuchten Gruppe unterscheiden sich gravierend von denen der Gesamtbevölkerung. Sie stellen sich als idealtypische Protagonisten der „Stillen Revolution" des Postmaterialismus (Inglehart 1977) dar. Abb. 1 veranschaulicht die Geringerbewertung des Materiellen (eigenes Haus, sich etwas leisten, beruflicher Erfolg) und die Hochschätzung immaterieller Werte (politisches Engagement, Zusammensein mit Freunden, Selbstverwirklichung). Auch im Vergleich mit einem in Bildung und Alter ähnlichen, ansonsten repräsentativen Querschnitt erweist sich der Postmaterialismus der Haus- und teilzeiterwerbstätigen Männer als deutlich stärker ausgeprägt.

3. *Materielle Absicherung*. – Es ist kein Widerspruch, wenn hier gleichzeitig das Materielle betont wird. Der Postmaterialismus selbst ist ja Kind des materiellen Wohlstands: den in Prosperität aufgewachsenen Generationen wird anderes als das eigene Häuschen wichtig, sie werden in ihren Werten anders geprägt. Die damit verbundene Bereitschaft, sich gegebenenfalls materiell einzuschränken, würde vielleicht überfordert, wenn mit dem Hausmann- und Teilzeitarbeits-Dasein zu große finanzielle Einbußen verbunden wären. Das Nettoeinkommen der Paare liegt aber mit 2 800 DM (Hausmänner) und 3 400 DM (teilzeitbeschäftigte Männer) nicht bedrohlich niedrig. Daran zeigt sich das durchschnittlich hohe Qualifikations- und Einkommensniveau der Männer und ihrer Partnerinnen.

4. *Berufsorientierte Partnerin*. – In Gesprächen betonen die Partnerinnen immer wieder, daß sie – auch nach Geburt eines Kindes – nicht

bereit seien, zugunsten der Familienarbeit auf ihre Berufstätigkeit zu verzichten. Entsprechend nennen mehr als 50% der Männer als wichtiges/sehr wichtiges Motiv für ihre Entscheidung, daß sie die weitere Berufstätigkeit ihrer Partnerin ermöglichen möchten. Diese Frauen melden ihre Ansprüche auf gleichgewichtige Beteiligung beider Partner an Berufs-, Haus- und Familienarbeit an. Die befragten Männer sind für sie die richtigen Partner, da sie durch ihre Entscheidung beweisen, daß ihre partnerschaftliche Grundhaltung keine leere Phrase ist. Es fällt nicht schwer, sich vorzustellen, daß es ohne diese selbstbewußten Frauen noch viel weniger – wenn überhaupt – Haus- und teilzeiterwerbstätige Männer gäbe.

Es gibt noch einen weiteren, handfesten Hinweis auf die Bedeutung der Partnerinnen für die Entscheidung der Männer: Bei den Hausmännern fällt das durchschnittlich etwas höhere Qualifikationsniveau der Partnerinnen auf. 40% der Hausmänner sagen, daß das höhere Einkommen der Partnerin für ihre Entscheidung wichtig war (Tab. 1). In dieser Gruppe scheint öfter einmal die Frau in klassischer Weise die „Ernährer"-Rolle übernommen zu haben, weil sie bessere Arbeitsmarktchancen und ein höheres Einkommen aufweist.

5. *Durchsetzungsfähigkeit.* – Selbstbewußtsein zeichnet nicht nur die Partnerinnen, sondern auch die befragten Männer aus. Sie brauchen es, um ihren Teilzeitwunsch im Betrieb durchzusetzen. 40% der schließlich erfolgreichen Teilzeitarbeiter fanden es „schwierig" oder „sehr schwierig", den Arbeitszeitwunsch zu realisieren. Symptomatisch sind Äußerungen aus den Intensivinterviews:

> Ich habe es erstmal schriftlich eingereicht, den normalen Dienstweg. Dann haben mich die zu einem Gespräch gebeten, verstärkt durch den Vertreter aus der Personalstelle, und die sagten einfach klipp und klar, das lehnen wir ab. Damit war das Gespräch beendet (Erzieher, teilzeitbeschäftigt, 48 Jahre, verh., 2 Kinder).

Die einen treffen auf taube Ohren, den anderen bedeutet man, daß sich Teilzeitarbeit für den Mann nicht schickt. So heißt es in einem weiteren Interview:

> ... einem Mann das [einen Teilzeitarbeitsplatz] zu geben war höchst ungewöhnlich. Es war mein Glück, daß sich keine Frau hat beworben um diese Halbtagsstelle (Erzieher, teilzeitbeschäftigt, 37 Jahre, verh., 3 Kinder).

Teilzeitarbeit läßt sich z. T. nur mit Hilfe von Arbeitsgerichten durchsetzen. Die weniger hartnäckigen Teilzeitinteressenten werden angesichts solcher Erfahrungen wohl schon im Vorfeld der Auseinandersetzung aufstecken. Aber auch die Hausmänner brauchen heutzutage noch ein starkes Selbstbewußtsein, um gegen den Strom zu schwimmen. Solange beide Rollen unter Männern nicht weiter verbreitet und akzeptiert sind, wird sich wohl nur die kleine Gruppe der „wild entschlossenen" Männer durchsetzen.

6. *Die „neue Väterlichkeit"*. – Drei Viertel der untersuchten Männer sind Väter, und zwar meistens sehr kleiner Kinder. Sie bezeichnen fast alle das Motiv „Kindererziehung" als „sehr wichtig/wichtig". Es steht damit auch in der Gesamtgruppe an erster Stelle (Tab. 1).

Das ist kein Zufall. Wer Kinder hat, weiß: Die Zeit wird knapp, wenn ein bislang berufstätiges Paar ein Kind bekommt. Kinder melden ihre Ansprüche an und bestreiten der Arbeitswelt das Recht, ihnen die Eltern zu entziehen. Traditionellerweise schränkte die Frau ihre Erwerbstätigkeit dann ein. Die Partnerinnen der von uns befragten Männer sind jedoch nicht zu solchem Verzicht bereit, der Beitrag der Männer zur Kindererziehung wird eingefordert. Es ist allerdings nicht allein der situative Druck – Ansprüche des Kindes und Ansprüche der Partnerin –, der die Männer ihre Erwerbsarbeit einschränken läßt, sondern sie tun es zum größten Teil, weil es *ihren eigenen* Ansprüchen und Überzeugungen entspricht. Diese bewußte Wahrnehmung der Vaterrolle wird mit dem Schlagwort von der „Neuen Väterlichkeit" bezeichnet.

Neben den hier erläuterten gibt es noch weitere Einflußfaktoren, die zur Einschränkung der Erwerbsarbeit der Männer führen. Sie sind in Abb. 2 schematisch im Überblick dargestellt.

Die Konsequenzen im Alltag

Glaubt man den Umfragen, so sind die deutschen Männer „partnerschaftlicher" geworden (z. B. Metz-Göckel und Müller 1986, 22ff.). Von veränderten Einstellungen zu verändertem Verhalten ist es jedoch ein weiter Weg, das erweist sich, wenn nach der Arbeitsteilung im Haushalt gefragt wird: Hier scheint sich trotz steigender Berufstätigkeit der Frauen (noch) nicht viel geändert zu haben. Bisher zeigte sich: Berufstätige Männer mit berufstätigen Partnerinnen übernehmen nur unwesentlich mehr häusliche Arbeit als Männer von Hausfrauen (v. Rosenstiel 1983; Burkhardt und Meulemann 1976; Metz-Göckel und Müller 1986, 24ff.).

Die Frage nach Geschirrspülen und Kinderwickeln ist nicht trivial: Im Alltag muß sich erweisen, was die Einstellungen wert sind. Es handelt sich dabei um einen Indikator dafür, ob der „Abschied vom Patriarchat", von der männlich geprägten Gesellschaft, schon begonnen hat. Nicht von ungefähr findet sich in Christa Wolfs Reflexionen über den „Störfall" Tschernobyl eine

> Liste der Tätigkeiten, die jene Männer von Wissenschaft und Technik vermutlich nicht ausüben oder sie, dazu gezwungen, als Zeitvergeudung ansehen würden: Einen Säugling trockenlegen. Kochen, einkaufen gehn, mit einem Kind auf dem Arm oder im Kinderwagen. Wäsche waschen, aufhängen, abnehmen, zusammenlegen, bügeln, ausbessern. Fußböden fegen, wischen, bohnern, staubsaugen. Staubwischen. Nähen. Stricken. Häkeln. Sticken. Geschirr abwaschen. Geschirr abwaschen. Geschirr abwaschen. Ein krankes Kind pflegen. Ihm Geschichten erfinden. Lieder singen (Wolf 1987, 51f.).

In einer Hinsicht haben die von uns befragten Männer dem Patriarchat den Abschied gegeben: Sie bauen ihr Selbstwertgefühl nicht mehr allein auf Berufsarbeit und familiäres Paschatum auf. Wie sieht es nun bei ihnen mit der häuslichen Arbeitsteilung aus? In den folgenden Tabellen wird der Mittelwert der Angaben, mit denen Männer und Frauen auf einer fünfstufigen Skala ihr Engagement in bestimmten Haushaltstätigkeiten bewerten, als Maßzahl herangezogen.

Es zeigt sich, daß in der „partnerschaftlichsten" Konstellation, wenn sowohl der Mann als auch die Frau teilzeiterwerbstätig sind, trotz annähernder Gleichverteilung bei einigen Tätigkeiten (Wohnung säubern, Einkaufen, Kochen, Aufräumen) die geschlechtstypische Arbeitsteilung durchschlägt (Tab. 2). Es gibt die typische Domäne des Mannes – Reparaturen, Renovieren, Behördengänge – und die typische Domäne der Frau – Waschen, Nähen, Bügeln. Diese geschlechtstypische Aufteilung findet sich auch in den anderen Gruppen (Mann: Teilzeit/ Frau: Vollzeit; Mann: Hausmann/ Frau: Teil- oder Vollzeit). Ein zweites Ergebnis ist, daß der Mann zwar im Durchschnitt mehr Hausarbeit übernimmt, wenn die Partnerin vollzeitlich arbeitet, doch ist das zusätzliche Engagement des Mannes nicht dramatisch höher (Tab. 2 und 3).

Hausmänner als Partner *vollzeitbeschäftigter Frauen* übernehmen deutlich mehr Tätigkeiten im Haushalt als teilzeitbeschäftigte Männer. Nur in dieser Gruppe kümmern sich die Männer mehr als ihre Partnerinnen um die Wäsche. Aber auch in dieser Konstellation überwiegt das Engagement der Frau weiterhin beim Nähen, Bügeln und Briefeschreiben. Hausmänner erfahren insgesamt eine deutlich stärkere Unterstützung bei der Hausarbeit von ihren berufstätigen Partnerinnen als Hausfrauen von ihren erwerbstätigen Männern. Das läßt sich vor allem aus der Tatsache ablesen, daß die Hausmänner sich annähernd gleich stark im Haushalt engagieren, unabhängig von dem Ausmaß der Berufstätigkeit ihrer Partnerin (Tab. 3).

Die gleichgewichtige Aufteilung aller Haushaltstätigkeiten kommt vermutlich nur langsam voran, auch bei den von uns untersuchten Paaren. Zum einen sind lang erlebte Rollenmuster nicht so leicht abzustreifen, zum anderen spielt sicher eine Rolle, daß die Haushaltsarbeit zunächst weniger effektiv würde, wenn die Partner ihre Spezialisierung aufgäben.

Die Aufgabenverteilung in der Kinderversorgung weist demgegenüber kein ausgeprägtes geschlechtsspezifisches Muster auf. Wenn Mann und Frau jeweils teilzeiterwerbstätig sind, ist sogar fast das Ideal der Gleichverteilung erreicht (Tab. 4). Plausiblerweise übernehmen die Hausmänner die Kinderversorgung in stärkerem Ausmaß. Interessant ist hier die Tatsache, daß sowohl bei Teilzeit- als auch bei Hausmann-Paaren das Ausmaß der Berufstätigkeit der Partnerinnen kaum eine Rolle spielt. Die vollzeit- und teilzeiterwerbstätigen Frauen tragen fast gleichviel zur Kinderversorgung bei (Tab. 4 und 5).

Vermutlich kommen hier nicht nur die Männer an eine vorläufige Grenze ihrer Bereitschaft und Fähigkeit, die Kinder zu versorgen, sondern die Frauen übernehmen auch als Vollzeiterwerbstätige viele dieser Aufgaben, um dem unausgesprochenen Vorwurf der Umwelt entgegenzuwirken, sie seien „Rabenmütter“ für ihre Kinder.

Trotz dieser Einschränkungen stellen die von uns befragten Männer eine Elite von „Haus- und Familienarbeitern“ dar, wie ein vorsichtiger Vergleich mit den Ergebnissen der *Brigitte*-Studie zeigt (Tab. 6).[4] Die Differenzen zwischen beiden Gruppen sind so erheblich, daß – trotz aller notwendigen Vorsicht bei der Interpretation der Ergebnisse –

[4] Ein detaillierter Vergleich mit den Daten der *Brigitte*-Untersuchung (Metz-Göckel und Müller 1985) über die Tätigkeiten der Männer im Haushalt ist aus methodischen Gründen trotz ähnlicher Fragestellung nicht möglich. Statt einer fünfstufigen Antwortskala wurde bei der *Brigitte*-Untersuchung nur eine vierstufige Skala eingesetzt. Sie enthält keine mittlere Antwortkategorie „übernehme ich etwa zur Hälfte“. Außerdem sind die Ergebnisse nicht danach differenziert, ob die Partnerin teilzeitig oder vollzeitig erwerbstätig ist. Die Gruppe der von uns befragten „neuen Männer“ unterscheidet sich bezüglich einer Reihe sozio-demographischer Merkmale signifikant von der repräsentativen Bevölkerungsauswahl (Alter, schulische und berufliche Qualifikation). Ungeachtet der infolgedessen eingeschränkten Vergleichbarkeit illustriert Tabelle 6, in welchem Ausmaß sich die „neuen Männer“ von den traditionellen Männern im Hinblick auf die Übernahme von Hausarbeiten unterscheiden.

weiter davon ausgegangen werden kann, daß eine eingeschränkte Erwerbsarbeit des Mannes ein Schlüssel zu einer partnerschaftlichen Aufgabenteilung im Haushalt sein kann.

Vom Patriarchen zum Hausmann?

Sowohl die faktische Aufteilung von Haushalts- und Kinderversorgungsarbeit als auch die Zufriedenheit der Interviewpartnerinnen und -partner in den Intensivinterviews hat bei uns den Eindruck gestärkt, daß das Modell „Teilzeitarbeit für Mann und Frau" eher zukunftsweisend ist. So sagte bei der zweiten Befragung auch nur ein Drittel der Hausmänner gegenüber der Hälfte der Teilzeitbeschäftigten, daß sie ihren Status auf Dauer behalten wollten. Charakteristisch ist auch die Häufigkeit, mit der Motive für den Wiedereinstieg (Hausmänner) bzw. für die Arbeitszeiterhöhung (Teilzeiterwerbstätige) genannt werden. Bei den Hausmännern spielt das „Hausfrauensyndrom" (Unterforderung durch Haushaltsroutine, fehlende Kontakte) eine wichtige Rolle (Tab. 7).

Ein überraschendes Ergebnis förderte jedoch die Frage nach der allgemeinen Lebenszufriedenheit zutage: Hausmänner und Teilzeitbeschäftigte sind im Durchschnitt gleich zufrieden (Tab. 8). Allerdings – und das könnte doch wieder die Hypothese bestätigen, daß Teilzeitbeschäftigung die zufriedenstellendere Alternative ist – stellen Teilzeitbeschäftigte (und ihre Partnerinnen) eine Steigerung der Lebenszufriedenheit (im letzten Jahr) fest, während diese Dynamik bei Hausmänner-Paaren nicht zu erkennen ist. Ihre gleichbleibenden, aber hohen Zufriedenheitswerte können auch so gedeutet werden, daß sie ihre Ansprüche angepaßt haben und *den Umständen entsprechend* zufrieden sind. Eine solche Interpretation stünde dann nicht im Widerspruch zu den ausführlichen Klagen über das Hausmanndasein, wie sie in den Intensivinterviews zu finden sind.

Bei der Zweitbefragung nach 15 Monaten stellte sich heraus, daß von den Teilzeitern 44%, von den Hausmännern nur 30% aufgegeben hatten. Noch deutlicher zeigt sich die unterschiedliche Stabilität, wenn man die Arbeitszeitkonstellationen der Partnerschaften ansieht: 46% der Paare mit den Konstellationen Mann: Teilzeit/ Frau: Teilzeit oder Vollzeit (n = 85) bestand nach wie vor. Die Konstellationen Mann: Hausmann/ Frau: Teilzeit oder Vollzeit (n = 64) waren mit 69% deutlich stabiler (Tab. 9).

Zwei Faktoren spielen eine Rolle: Zum einen ist die Entscheidung zum Hausmanndasein (auch auf Zeit) objektiv weniger leicht zu revidieren (Wiedereinstieg), zum anderen ist sie wegen ihrer weitreichenden Bedeutung besser überlegt als die Entscheidung für Teilzeiterwerbstätigkeit. Beides trägt zur Stabilität bei. Ein dauerhaftes Modell ist sie nur für eine Minderheit. Interessanterweise sagen Hausfrauen und Hausmänner zu etwa gleichen Teilen, daß sie ihren Status behalten wollen: die von uns befragten Männer zu 35%, Hausfrauen mit mindestens einem Kind unter 5 Jahren zu 29% (Bielenski und Strümpel 1987).

Fünf zusammenfassende Sätze zum Schluß

1. Eine Evolution „vom Patriarchat zum Hausmann" findet nicht statt. Weder der Hausmann noch die Hausfrau ist das Ziel der Entwicklung. Das Patriarchat beginnt jedoch zu wanken, das Spektrum möglicher Lebensgestaltung ist u. a. um die Rolle des Hausmannes bereichert.

2. Die Arbeitsgesellschaft hat an sinngebender Kraft eingebüßt. Immer häufiger suchen Menschen ihre Identität auch außerhalb der Berufsarbeit. Die Existenz der wenigen Hausmänner und der Teilzeitarbeitswunsch von 10% der erwerbstätigen Männer sind u. a. eine Folge dieser Entwicklung.

3. Die zunehmende Erwerbstätigkeit der Partnerinnen der Männer hat ihre Selbständigkeit gestärkt. Über die Verteilung von Vor- und Nachteilen in Erwerbs- und Familienarbeit muß auf dieser neuen „Geschäftsgrundlage" neu verhandelt werden. Ohne diesen Druck hätten sich Einstellungen und Verhalten der Männer bezüglich Partnerschaft, Haushalt und Kinderversorgung kaum verändert.

4. Teilzeitarbeit für beide Partner scheint der beste Weg, um in jeder Lebensphase die gewünschte Erwerbstätigkeit und die gerechte Verteilung von Haushalts- und Kinderversorgungsarbeit zu gewährleisten. Das Arbeitsleben müßte so gestaltet sein, daß für Männer und Frauen alle Optionen - Vollzeit, Teilzeit, Hausmann und Hausfrau mit „Rückkehrgarantie" - möglich sind.

5. Die Hausmänner und teilzeiterwerbstätige Männer und ihre Partnerinnen experimentieren mit Lebensformen, die gesellschaftlich an Bedeutung zunehmen werden, es sei denn, die Berufstätigkeit wird wieder zum unbestrittenen Zentrum männlichen Selbstbewußtseins *und* die duldsame Anspruchslosigkeit zur Tugend aller Frauen. Doch dafür stehen die Chancen schlecht.

Literatur

Bach, H.-U./Brinkmann, C./Kohler, H./Reyher, L./Schober, K./Spitznagel, E. (1986), Zur Arbeitsmarktentwicklung 1986/87: Entwicklungstendenzen und Strukturen, in: Mitteilungen zur Arbeitsmarkt- und Berufsforschung 3/86, Nürnberg

Bielenski, H./Strümpel, B. (1987), Eingeschränkte Erwerbsarbeit bei Frauen und Männern. Fakten - Wünsche - Realisierungschancen. Unveröff. Bericht für das BMJFFG, Forschungsstelle Sozialökonomik der Arbeit (FSA) der FU Berlin

Boeven, H. (1987), Motivationsprofile teilzeitarbeitender Männer. Teilauswertung aus dem Projekt „Konsequenzen einer eingeschränkten Erwerbsarbeit von Männern für die betroffenen Familien" (Projektleitung: Prof. B. Strümpel), Forschungsstelle Sozialökonomik der Arbeit, FSA-Print 1/87, Berlin

Burkhardt, W./Meulemann, H./Bundesministerium für Jugend, Familie und Gesundheit (1976), Die Rolle des Mannes und ihr Einfluß auf die Wahlmöglichkeiten der Frau (Band 41 der Schriftenreihe des BMJFG), Stuttgart

Inglehart, R. (1977), The silent revolution. Changing values and political styles among western publics, Princeton

Landenberger, M. (1983), Arbeitszeitwünsche. Vergleichende Analysen vorliegender Befragungsergebnisse, IIM/LMP 83-17, Wissenschaftszentrum Berlin

Metz-Göckel, S./Müller, U. (1986): Der Mann. Die Brigitte-Studie, Weinheim und Basel

Noelle-Neumann, E./Strümpel, B. (1984), Macht Arbeit krank - Macht Arbeit glücklich? Eine aktuelle Kontroverse, München

Rosenstiel, L. von, u. a. (1983), Wertwandel und generatives Verhalten. Abschlußbericht, Institut für Organisations- und Wirtschaftspsychologie, Universität München

Scholz, J., u. a. (1986), Motive und Konsequenzen einer eingeschränkten Erwerbsarbeit von Männern. Erebnisse einer standardisierten Befragung von Hausmännern, Teilzeitbeschäftigten und ihren Partnerinnen (Projektleitung Prof. B. Strümpel), 2. Zwischenbericht, Berlin

Strümpel, B./Prenzel, W./Scholz, J./Hoff, A. (1987), Motive und Konsequenzen einer eingeschränkten Erwerbsarbeit von Männern. Unveröff. Bericht für das BMJFFG, Forschungsstelle Sozialökonomik der Arbeit (FSA) der FU Berlin

Wolf, Ch. (1987), Störfall, Darmstadt und Neuwied

Abbildung 1
Wertprofil „Teilzeiterwerbstätige Männer und Hausmänner"

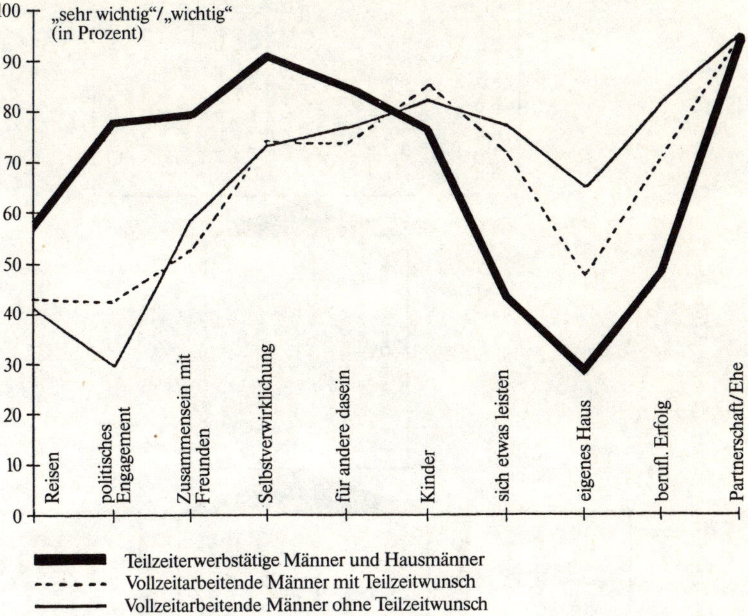

Abbildung 2
Motivationsprofil der Zusammenhänge bei freiwilliger Teilzeitarbeit von Männern

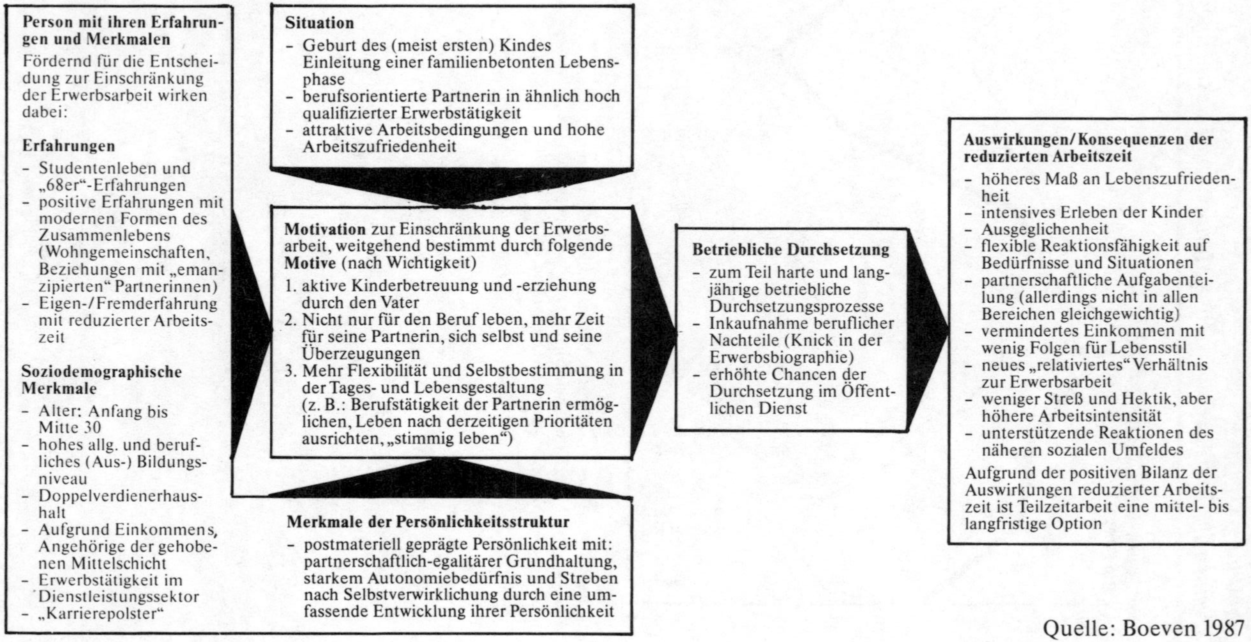

Quelle: Boeven 1987

Tabelle 1
Gründe für eine eingeschränkte Erwerbsarbeit des Mannes aus seiner Sicht
(Die Prozentangaben umfassen die Antwortkategorien „sehr wichtig" und „ziemlich wichtig".)

Angaben in %

TZ n = 234		HM n = 193	
Kindererziehung	65*	Kindererziehung	61
Persönliche Zeit	65**	Berufst. d. Partnerin	58
Nicht nur für den Beruf leben	63	Höheres Einkommen der Partnerin	40
Berufst. d. Partnerin	51	Persönliche Zeit	38
Arbeitsbelastung	48	Berufliche Unzufriedenheit	33
Mehr Zeit für Partnerin	51	Nicht nur für den Beruf leben	33
Zeit, sich für politische und gesellschaftliche Überzeugungen einzusetzen	30	Mehr Zeit für die Partnerin	33
		Keine TZ-Stelle gefunden	27
		Keine TZ-Stelle für Partnerin	25
Abbau der Arbeitslosigkeit	23	Arbeitsbelastung	23
Berufl. Unzufriedenheit	22	Kündigung	20
Höheres Einkommen der Partnerin	12	Zeit für gesellschaftliche und politische Überzeugungen	14
Einstieg in die Selbständigkeit	12		
Keine Vollzeitstelle	12	Keine Beurlaubung der Partnerin	12
Keine TZ-Stelle für Partnerin	12	Beurlaubung möglich	10
Keine Beurlaubung der Partnerin	10	Einstieg in die Selbständigkeit	9

* sehr wichtig: 52   ** sehr wichtig: 30
wichtig: 13   wichtig: 35

Frage: „Aus welchen Gründen haben Sie sich für die Teilzeitarbeit entschieden (bzw.: dafür entschieden, Hausmann zu werden)?"

Quelle: Scholz u.a. 1986

Tabelle 2
Haushaltstätigkeiten – Teilzeitarbeitende Männer

Antwortangaben* (Mittelwert)	Die Verteilung der Haushaltstätigkeiten							
	Mann: TZ/Frau: VZ (n = 74)				Mann: TZ/Frau: TZ (n = 75)			
Tätigkeiten	♂1	2	3	♀4	♂1	2	3	♀4
Wohnung säubern	3,4	3,0	2,7	2,9	2,7	2,5	3,1	3,2
Waschen	2,8	2,5	3,3	3,4	2,3	2,1	3,7	3,9
Nähen	1,5	1,7	4,4	4,3	1,8	2,0	4,2	4,3
Bügeln	2,6	2,3	4,1	3,6	2,1	2,2	4,1	4,2
Geschirrspülen	3,6	3,3	2,5	2,6	3,5	3,4	3,0	3,0
Einkaufen	3,8	3,5	2,4	2,5	3,1	3,2	2,8	2,8
Kochen	3,4	3,2	2,8	2,8	2,7	2,6	3,1	3,3
Reparaturen	4,4	4,3	1,5	1,6	4,3	4,4	1,8	1,8
Renovieren	4,1	4,0	2,1	2,1	4,0	4,0	2,2	2,4
Behördengänge	3,9	3,6	2,2	2,3	3,7	3,5	2,3	2,4
Aufräumen	3,4	2,9	2,8	3,1	2,9	2,5	3,0	3,4
Briefe schreiben	2,8	3,0	3,1	3,0	2,8	2,8	3,5	3,6

♂1) Engagement des Mannes: Angaben des Mannes
2) Engagement des Mannes: Angaben der Frau
3) Engagement der Frau: Angaben des Mannes
♀4) Engagement der Frau: Angaben der Frau

*Antwortangaben; 5stufige Skala
1 = übernehme ich so gut wie nie
2
3 = übernehme ich etwa zur Hälfte
4
5 = übernehme ich so gut wie ganz

Quelle: Scholz u. a. 1986

Tabelle 3
Haushaltstätigkeiten – Hausmänner

Antwortangaben* (Mittelwert)	Die Verteilung der Haushaltstätigkeiten							
	Mann: HM/Frau: VZ (n = 121)				Mann: HM/Frau: TZ (n = 22)			
Tätigkeiten	♂1	2	3	♀4	♂1	2	3	♀4
Wohnung säubern	3,9	3,7	2,4	2,4	3,6	3,2	2,5	2,8
Waschen	3,4	3,2	2,7	2,9	3,0	2,8	3,1	3,5
Nähen	1,8	1,7	4,0	4,0	1,4	1,6	4,5	4,3
Bügeln	2,4	2,3	3,4	3,4	2,2	2,0	3,6	3,7
Geschirrspülen	4,1	3,9	1,6	2,1	4,2	3,3	2,0	2,6
Einkaufen	4,3	3,9	1,9	2,2	3,9	3,4	2,0	2,7
Kochen	4,0	3,9	2,2	2,3	3,9	3,8	2,1	2,2
Reparaturen	4,6	4,6	1,4	1,4	4,5	4,3	1,3	1,4
Renovieren	4,2	4,4	1,7	1,7	4,2	4,3	1,5	1,6
Behördengänge	3,8	3,6	2,2	2,4	3,5	3,0	2,5	3,1
Aufräumen	3,7	3,5	2,5	2,7	3,5	3,2	2,7	3,0
Briefe schreiben	2,6	2,5	3,2	3,1	2,8	2,9	3,0	3,1

♂1) Engagement des Mannes: Angaben des Mannes
2) Engagement des Mannes: Angaben der Frau
3) Engagement der Frau: Angaben des Mannes
♀4) Engagement der Frau: Angaben der Frau

*Antwortangaben; 5stufige Skala
1 = übernehme ich so gut wie nie
2
3 = übernehme ich etwa zur Hälfte
4
5 = übernehme ich so gut wie ganz

Quelle: Scholz u. a. 1986

Tabelle 4
Kinderversorgung – Teilzeitarbeitende Männer

Antwortangaben* (Mittelwert)	Die Aufgabenverteilung in der Kinderversorgung							
	Mann: TZ/Frau: VZ (n = 74)**				Mann: TZ/Frau: TZ (n = 75)**			
Tätigkeiten	♂1	2	3	♀4	♂1	2	3	♀4
Kleinkindversorgung	3,0 (n = 33)	2,8	3,1	3,2	2,7 (n = 46)	2,7	3,2	3,2
Spielen	3,3 (n = 45)	3,2	2,9	2,9	2,9 (n = 60)	3,0	2,9	3,0
Spazierengehen	3,3 (n = 45)	3,2	2,9	2,9	2,9 (n = 58)	2,9	2,8	2,9
Schularbeiten	3,3 (n = 19)	3,1	2,9	2,6	2,7 (n = 20)	2,5	2,8	3,1
Vorlesen	3,2 (n = 41)	3,2	3,0	2,9	2,9 (n = 53)	2,9	3,0	3,1
Nachts aufstehen	3,0 (n = 46)	2,7	3,1	3,4	2,8 (n = 56)	2,9	3,1	3,1
Ins Bett bringen	3,0 (n = 45)	2,9	3,2	3,3	2,9 (n = 58)	2,8	3,0	3,2
Bestrafen	3,0 (n = 34)	2,8	2,4	2,7	2,7 (n = 43)	2,8	2,7	2,8
Zuhause bleiben, wenn Kind krank ist	3,3 (n = 42)	2,9	2,6	3,0	2,8 (n = 54)	2,7	3,1	3,2
Bringen und abholen	3,8 (n = 39)	3,3	2,1	2,6	2,7 (n = 51)	3,0	3,1	3,0
Einkäufe für die Kinder	3,2 (n = 47)	3,0	2,7	3,1	2,6 (n = 61)	2,5	3,3	3,3

♂ 1) Engagement des Mannes: Angaben des Mannes
2) Engagement des Mannes: Angaben der Partnerin
3) Engagement der Partnerin: Angaben des Mannes
♀ 4) Engagement der Partnerin: Angaben der Partnerin
**Geringe Fallzahlen, da oft einer der Partner nicht bzw. mit der Kategorie „nicht zutreffend“ geantwortet hat.

*Antwortangaben; 5stufige Skala
1 = übernehme ich so gut wie nie
2
3 = übernehme ich etwa zur Hälfte
4
5 = übernehme ich so gut wie ganz

Quelle: Scholz u. a. 1986

Tabelle 5
Kinderversorgung – Hausmänner

Antwortangaben* (Mittelwert)	Die Aufgabenverteilung in der Kinderversorgung							
	Mann: HM/Frau: VZ (n = 121)**				Mann: HM/Frau: TZ (n = 22)**			
Tätigkeiten	♂1	2	3	♀4	♂1	2	3	♀4
Kleinkindversorgung	3,7 (n = 76)	3,5	2,6	2,6	3,5 (n = 14)	3,5	2,9	2,8
Spielen	3,7 (n = 92)	3,4	2,8	2,8	3,6 (n = 19)	3,6	2,7	2,8
Spazierengehen	3,6 (n = 93)	3,4	2,6	2,7	3,6 (n = 18)	3,6	2,7	3,0
Schularbeiten	3,6 (n = 32)	3,7	2,0	2,1	3,1 (n = 8)	3,8	2,4	3,2
Vorlesen	3,5 (n = 85)	3,3	2,9	2,9	3,3 (n = 19)	3,5	2,8	3,3
Nachts aufstehen	3,3 (n = 87)	3,1	2,9	2,9	2,8 (n = 20)	2,8	3,2	3,7
Ins Bett bringen	3,0 (n = 91)	2,7	3,1	3,4	2,9 (n = 19)	3,0	3,3	3,6
Bestrafen	3,1 (n = 73)	2,9	2,5	2,6	2,9 (n = 19)	3,2	2,4	2,7
Zuhause bleiben, wenn Kind krank ist	4,3 (n = 91)	4,2	1,9	2,0	4,3 (n = 19)	3,8	2,2	2,4
Bringen und abholen	4,3 (n = 78)	4,1 (n = 68)	1,8	1,8 (n = 69)	3,5 (n = 19)	3,6	2,3	2,4
Einkäufe für die Kinder	3,8 (n = 95)	3,4	2,5	2,6	3,2 (n = 20)	3,1	2,9	3,3

♂1) Engagement des Mannes: Angaben des Mannes
2) Engagement des Mannes: Angaben der Partnerin
3) Engagement der Partnerin: Angaben des Mannes
♀4) Engagement der Partnerin: Angaben der Partnerin
**Geringe Fallzahlen, da oft einer der Partner nicht bzw. mit der Kategorie „nicht zutreffend" geantwortet hat.

*Antwortangaben; 5stufige Skala
1 = übernehme ich so gut wie nie
2
3 = übernehme ich etwa zur Hälfte
4
5 = übernehme ich so gut wie ganz

Quelle: Scholz u. a. 1986

Tabelle 6
Vergleich mit der Studie „Der Mann“ (Brigitte-Studie)

Angaben in %		*Brigitte*-Untersuchung 1985		
	Hausmänner- und teilzeit-erwerbstätige Männer mit Partnerin	repräsentative Bevölkerungsauswahl		Väter mit berufstätiger Partnerin
		30–39 Jahre	Hochschule	
	n = 325	n = 211	n = 81	n = 163
KOCHEN				
mache ich nie	4	39	24	32
mache ich nur gelegentlich	18	52	51	61
WÄSCHE WASCHEN				
mache ich nie	23	78	53	80
mache ich nur gelegentlich	17	19	40	19
AUFRÄUMEN				
mache ich nie	3	12	4	9
mache ich nur gelegentlich	11	75	74	81
GESCHIRRSPÜLEN				
mache ich nie	4	31	18	32
mache ich nur gelegentlich	6	61	58	60
BÜGELN				
mache ich nie	8	87	75	92
mache ich nur gelegentlich	11	11	21	7
EINKAUFEN				
mache ich nie	2	9	5	7
mache ich nur gelegentlich	8	67	55	69

Frage: „Nun kommen wir zum Thema Hausarbeit. Welche der folgenden Hausarbeiten sind Ihre Sache, welche machen überwiegend Sie, welche machen sie nur gelegentlich und welche machen Sie nie?“ – Auszug aus den Angaben.

Quelle: Scholz u. a. 1986

Tabelle 7
Motive für den Wunsch nach Erhöhung der Arbeitszeit (teilzeitarbeitende Männer) bzw. Wiedereinstieg ins Erwerbsleben (Hausmänner)

(absolute Angaben)	Wunsch nach Erhöhung (teilzeitarbeitende Männer)	Wunsch nach Wiedereinstieg (Hausmänner)
Fallzahl	38	37
Meine Frau/Partnerin schränkt(e) ihre Berufstätigkeit ein bzw. gab/gibt sie ganz auf.	6	7
Es war/ist zu dem Zeitpunkt ganz allgemein wegen des Kindes/der Kinder nicht mehr nötig, am Tag für bestimmte Stunden zu Hause zu sein.	12	20
War/ist der Wunsch meiner Frau/Partnerin.	6	7
Die von mir übernommene Hausarbeit füllt(e) mich nicht aus.	4	12
Das Geld reicht(e) auf die Dauer nicht aus.	9	10
Ich befürchte(te), sonst in meinem Beruf später überhaupt keine (neue) Arbeit zu finden.	6	15
Ich hatte/habe sonst kaum noch berufliche Aufstiegschancen.	9	10
Mir fehl(t)en ganz allgemein Kontakte zu anderen Menschen.	1	9
Ich brauch(t)e mehr Bestätigung für meine Arbeit.	8	13

Quelle: Forschungsstelle Sozialökonomik der Arbeit, FU Berlin, 1987

Tabelle 8
Allgemeine Lebenszufriedenheit

Mittelwerte*	Teilzeitbeschäftigte**		Hausmänner***	
	Männer	Partnerinnen	Männer	Partnerinnen
Fallzahl	82	57	81	64
Gegenwärtig	7,1	7,2	7,2	7,5
im Rückblick ein Jahr	6,7	6,7	7,2	7,3

* Angaben auf einer elfstufigen Skala: 0 = ganz und gar unzufrieden, 10 = ganz und gar zufrieden.

** Nur zum ersten und zweiten Befragungszeitpunkt jeweils Teilzeitbeschäftigte.

*** Nur Hausmänner (2. Befragungszeitpunkt), die beim ersten Interview Hausmann oder teilzeitbeschäftigt (n = 7) waren.

Tabelle 9
Stabilität von Arbeitszeitkonstellationen

(Prozentwerte, quer)	Arbeitszeitkonstellationen Dezember 1986							
Arbeitszeit-konstellationen August 1985	Sonstige* (n = 27)	Mann: TZ Frau: VZ (n = 14)	Mann: TZ Frau: TZ (n = 25)	Mann: HM Frau: VZ (n = 53)	Mann: HM Frau: TZ (n = 9)	Mann: VZ Frau: HF (n = 16)	Mann: VZ Frau: VZ (n = 6)	Mann: VZ Frau: TZ (n = 6)
Mann: TZ Frau: HF (n = 7)	0	0	0	0	0	100	0	0
Mann: TZ Frau: VZ (n = 37)	30	32	8	11	0	5	14	0
Mann: TZ Frau: TZ (n = 48)	27	4	46	0	4	4	2	13
Mann: HM Frau: VZ (n = 56)	13	7	0	64	2	9	5	0
Mann: HM Frau: TZ (n = 8)	13	0	0	25	63	0	0	0

TZ = Teilzeit, VZ = Vollzeit, HM = Hausmann, HF = Hausfrau

* Alle Fälle, wo bei der Zweitbefragung einer der Partner arbeitslos, in Ausbildung oder selbständig war oder keine Angaben gemacht hat.

Quelle: Forschungsstelle Sozialökonomik der Arbeit, FU Berlin, 1987

Sigfrid Klöckner

Wieder einmal: Zur Situation des Mannes

*Gedanken eines Seelsorgers**

Mit diesem Aufsatz will ich nicht in die laufende Diskussion eingreifen, in das teilweise kontrovers geführte Gespräch über die Situation des Mannes in Gesellschaft und Kirche. Darum verzichte ich darauf, zu vorgebrachten Meinungen Stellung zu beziehen und dieses als zutreffend und jenes als absurd zu bezeichnen. Wenn meine Auffassung konträr steht, dann steht eben Erfahrung gegen Erfahrung, denn mir scheint, daß die Auseinandersetzung mit der Frage um den Mann heute allzusehr im Zeitfluß geführt wird und ein wirklich abgeklärtes „objektives" Urteil nicht möglich ist. Vielleicht braucht man auch nicht das berühmte „letzte Wort".

Wir müßten gerade bei der Behandlung von Themen derart existentieller Art mehr mit dem scholastischen „mir scheint" arbeiten, als dies landläufig der Fall ist.

Ich gebe also meine Eindrücke und Erfahrungen wieder, die mir aus der vielfachen Begegnung mit Männern und Frauen erwachsen sind. Dabei stehen in meinem pastoralen Bemühen nicht thematisch „die Situation des Mannes und der Frau heute" oder Fragen der Beziehung zueinander im Vordergrund, sondern der Dienst allgemein, der sich jedoch besonders in Glaubensunterweisung, Glaubensvertiefung, in Fragen der Lebensbewältigung und spiritueller Begleitung vollzieht. Freilich kommen viele Einzel- und Gruppengespräche dabei zum Tragen, weil Dienst am Menschen nicht nur in der Pastoral geleistet wird. Bei dem Thema spielt freilich auch die Lebenssituation dessen eine besondere Rolle, der seine Erfahrungen wiedergibt. Und wenn ein Priester und Ordensmann zur Situation des Mannes schreibt, dann könnte man versucht sein, dies schon als nicht „typisch" zu bezeichnen. Gewiß fehlen manche „Eigenerfahrungen", aber durch die Begegnungen und die Einsicht in Lebensverhältnisse scheint mir es möglich, offen und nicht einseitig zu sein. Die angesprochenen Punkte sind m. E. von nicht geringer Bedeutung, aber allumfassend kann dieser Beitrag naturgemäß nicht sein.

* Erstmals veröffentlicht in: Mann in der Kirche (1988) Heft 2, 34–40.

Beständig ist nur die Veränderung. Diese Feststellung gründet in der Erfahrung. Nichts ist heute, wie es gestern war. Die Zeit steht nicht und nie still. Dies ist unsere menschliche Grundbedingung, wir sind geschichtliche Wesen. Dabei unterliegen wir nicht einfach den äußeren Gesetzen, sondern wir ändern uns selbst und wir verändern anderes. Was durch die Menschheitsgeschichte als Faktum belegt wird, das prägt in besonderer Weise unsere jüngere Vergangenheit und die Gegenwart, die wir niemals „festhaltend" im Griff haben.

Welche Epoche der Geschichte die turbulenteste war, wird wohl erst „am Ende" sichtbar werden und somit endgültig beurteilt werden können, aber wir können sagen, wir sind Zeitgenossen großer Umbrüche und fühlen uns auch sehr davon betroffen. Nichts scheint mehr von Dauer zu sein, und der ununterbrochene Wechsel fordert uns heraus, er fordert auch seinen Tribut, und genau wissen wir nicht, ob der Preis nicht zu hoch sein wird.

Denn wir sind nicht nur Betroffene im umfänglichen Sinn des Wortes, sondern auch stets solche, die mitgestalten, ändern und in geistiger Unruhe nach Neuem suchen, weil das Alte überkommen ist, überlebt ist oder sich – wie wir meinen oder tatsächlich – als unbrauchbar erwiesen hat.

Solange es dabei um den wissenschaftlich-technischen Bereich geht, beweist der Mensch große Anpassungsfähigkeit. Sobald es um Existentielles geht, um Fragen und Formen des menschlichen Soseins und Daseins, erweist sich eben dieser Mensch als viel beharrender und konstanter und gar nicht so anpassungsfähig oder dressierbar.

Mit ihm, dem Menschen in seinem konkreten Alltagsleben, seinem Bezogensein auf das Du, seiner damit naturgegebenen Abhängigkeit und Verwiesenheit, seiner Selbstwerdung oder seiner Ganzwerdung als Frau oder Mann haben wir es zu tun. Hier versagt die Kategorie der Machbarkeit. Der konkrete Mensch ist nicht programmierbar, und es wäre die Katastrophe, wollte man ihn durch (Gen-)Manipulation zu etwas „machen", was er als Mensch nicht ist.

Eine Eigenschaft eignet dem Menschen: Er kann lernen. Er kann, wenn er will, im Prozeß seiner wahreren Menschwerdung lernen. Er kann, auch in den Turbulenzen seiner auch von ihm mitgestalteten Geschichte lernen. Darum kann er auch, Zeichen der Zeit deutend, sich auf die Erfordernisse und Appelle einlassen, die ihn treffen, vor allem dann, wenn andere Menschen oder auch Gott, mit dem er im Dialog steht, ihn anfordern. Er wird so in seinem Kern berührt und muß, will er wahrhaft Mensch bleiben, antworten.

So scheint mir, nicht in den Wandlungen des Lebensgefühls, der Vorstellungen über das Verhältnis von Frauen und Männern zueinander, der Aufgaben beider in Kirche und Gesellschaft, der Gestaltung von Ehe und Familie, schlichtweg bei den Fragen der Situation und Stellung der Frau und des Mannes liegt das Beängstigende, daß das Gestern nicht mehr Heute ist, sondern darin, daß der Prozeß des Lernens und der kritischen Prüfung nicht ernst genug in Gang kommt, daß das paulinische „Prüfet alles, und was gut ist, behaltet" (1 Thess 5,21) nicht allseits beachtet wird.

Nicht die Wandlungen und Umbrüche sind es, die bedenklich stimmen müssen, sondern die Trägheit der Geister und Herzen.

Verallgemeinerungen

Bei tiefgreifenden Prozessen im gesellschaftlichen Leben neigen wir dazu, Trends oder Haltungen zu verallgemeinern. Auch wenn demoskopische Ergebnisse vorliegen, sind diese nur Befragungs- und Erhebungsergebnisse mit Auskünften über Strömungen, nicht aber definitive Feststellung des wirklichen Ist-Zustandes. Wer dann generalisiert, ruft mit Sicherheit den Protest des Andersdenkenden und Anderslebenden hervor. Auch bei Beschreibung der Situation von Frau und Mann in der gegenwärtigen Umbruchslage scheint mir dies der Fall zu sein. Da werden biologische, psychologische und soziologische Forschungsergebnisse als endgültig gesichert und allgemeingültig angenommen, sie werden als Prämissen für Schlüsse verwendet, und es kommt freilich als Ergebnis heraus, was man schon geahnt hat. Es wird u. U. das traditionelle Verständnis vom Lebens- und Aufgabenbereich der Männer und Frauen als von vornherein falsch und überholt abgetan, ohne daß man sich die Mühe macht zu differenzieren. Institutionen, die sich durch „Schwerfälligkeit im Anpassungsprozeß" auszeichnen, bekommen Bösartigkeit und Machtstreben attestiert. Und auch eine Theologie, welche Argumente aus der Offenbarung und theologischen Tradition mit zur Wahrheitsfindung heranzieht, bekommt das Prädikat, von gestern zu sein. Wie gesagt, in allem steckt ein Stück Wahrheit, nur sollte man die Verallgemeinerung vermeiden.

Eines freilich ist bei ruhigerem Vorgehen nicht erreichbar: man kann keinen aufrüttelnden, gesellschaftsverändernden und die „träge Masse Mensch“ bewegenden Stoß versetzen.

Jede Verallgemeinerung aber beinhaltet eine Einseitigkeit, und jede Einseitigkeit hat in sich die Kraft zur Provokation. Sie ruft auf und ruft hervor – Zustimmung oder Protest.

Nun sind alle jene, die sich in einer Lebensfrage von solcher Tragweite engagieren, denen gegenüber viele Schritte voraus, die noch gar nicht begonnen haben, den Wandlungsprozeß wahrzunehmen. Das ist die Schuld der Trägen. Es fordert aber die Lauterkeit, nicht in Tendenzberichten und gezielten Übertreibungen allen anderen Bösartigkeit zu unterstellen. Oft ist es nichts als Hilflosigkeit, Angst und das, was wir Prägung nennen, was Menschen in dem beharren läßt, was sie als für ihr Leben gut ansehen. Dabei ist der Anteil von Frauen und Männern, die sich so verhalten, nicht so verschieden groß, wie es aufgrund der publizierten Zahlen scheinen mag. Ich betone nochmals, ich spreche aus meinem Erfahrungsbereich.

Es dürfte viel gewonnen sein, wenn es gelänge, bei allen Teilfragen um die (wohl) richtige Zuordnung von Frau und Mann in Familie, Gesellschaft und Kirche, besonders aber auch bei der Situationsanalyse des Mannes, jede rasche Verallgemeinerung zu vermeiden. Dies gilt auch von der Behauptung, die Kirche sei eine Männerkirche. Denn dabei wird nur auf das hierarchische Prinzip in der Kirche gesehen, die umfassende Gestalt aber außer acht gelassen, nämlich die Kirche als Leib Christi mit der Zuordnung aller Glieder zu dem Haupt, welches Christus ist (1 Kor 12,12–27).

Spätestens hier wird freilich deutlich, daß auch meine Gedanken Gefahr laufen, die Einsichten und Erfahrungen zu verallgemeinern. Es ist eine Gratwanderung; ich werde versuchen, immer wieder gegen mich zu denken, und es sollte feststehen, in allem schwingt das Wort mit: „mir scheint es so“.

Halbwahrheiten und Beschuldigungen

Die Literatur zum Thema hat in den vergangenen Jahre nicht gespart mit Verallgemeinerungen besonderer Art: mit Halbwahrheiten und Beschuldigungen. Letztere freilich meist einseitig in Richtung des Mannes. Zwar wird dabei häufig auch betont, daß es nicht um Schuldzuweisung gehe, sondern nur um die Wahrheit und die Nennung von Fakten.

Aber bei der Lektüre all der aufgereihten „Verbrechen“ und „Sünden“ des Mannes werden viele nicht nur nachdenklich, sondern entdecken sich auf der Anklagebank. Dann suchen sie ihre Unschuld zu finden und zu beweisen. Andere reagieren wie Kinder, die allen anderen die Schuld geben.

Dabei wissen wir alle, daß dies nicht weiterführt, und wir wissen auch, daß „in Adam (und Eva) alle gesündigt haben“ und wir alle erlösungsbedürftig sind. Zwei Elemente begegnen hier einander: Schuldzuweisung einerseits und Entschuldigungswahn andererseits. Wir neigen zu beidem, und niemand ist dagegen gefeit.

Solange es sich um individuelle und damit persönlich verantwortbare Verhaltensweisen handelt, die schuldig machen, ist eine Aufarbeitung möglich, den Willen zur Versöhnung vorausgesetzt. Handelt es sich aber um Verschuldungen, die schlechthin einem Geschlecht zugerechnet werden, dann wird es unerträglich und falsch. Ebensowenig wie Eva die schwache Frau ist, die leichter von der Schlange verführt werden konnte (und kann), ebensowenig ist Adam schlechthin der Verursacher der Kriege und der Zerstörung der Umwelt. Nicht jeder Mann ist ein Macho und nicht jede Frau eine Intrigantin. Weil man aber Gesetzmäßigkeiten zu entdecken glaubt, wir heute in vielen Fällen die Männerwelt als Ursache des menschlichen und gesellschaftlichen Unheils angesehen („Frauen machen die dem Leben dienende Politik“), und der Versuch des Mannes, Geschichte und Gegenwart differenzierter zu beurteilen, wird als Beweis dafür angesehen, daß Männer sich nur verteidigen wollen, um sich zu behaupten.

Häufig handelt es sich dabei um Machtkämpfe, die ausgetragen werden, manchmal sehr subtil und verborgen, manchmal grob und unverhohlen.

Soll dies nun heißen, über alles, was persönliche und strukturelle Schuld ist (vielleicht auch beides), den Deckmantel des Schweigens zu legen? Keineswegs, denn das führt auch nicht zur Entgiftung und Wahrheitsfindung und verhindert den erforderlichen Dialog zwischen denen, die betroffen sind. Auch kann es nicht angehen, Untaten und Fehlverhalten – auch wenn sie aus der gesellschaftlichen Struktur einer Zeit verständlich erscheinen – mit dem Freispruch in die Vergangenheit zu entlassen.

Wenn Schuld vorliegt und wenn Strukturen, die Unrecht fördern oder verfestigen, gegeben sind, dann müssen sie genannt und aus der Welt geschafft werden. Solche Prozesse sind nicht leicht, wie wir alle aus Erfahrung wissen.

Schuld wird durch Vergeben beseitigt, die in Reue ihre Voraussetzung hat. Doch ebensowenig, wie ich wirklich Reue über die Erbsünde haben kann, kann ich die Schuld einer geschichtlichen Epoche bereuen. Ich kann nur in meiner Zeit, für mich und meinen Lebensbereich Verantwortung übernehmen und dann all das tun, was der Wahrheit und Liebe dient, was dem Leben dient. Die Vorgabe für den anderen besteht im Vertrauen und im Unterstellen des guten Willens, der gleichen Wahrheit und der gleichen Liebe zu dienen.

Die „Rolle"

Wer immer zur anstehenden Frage sich äußert, pflegt tunlichst auch auf das „überkommene Rollenverständnis" hinzuweisen. Was damit gemeint ist, braucht niemandem breit erklärt zu werden. In vereinfachenden Worten: Der Mann ist zur Arbeit und zu Dienstleistungen in der Welt (draußen) bestimmt, die Frau zur Arbeit im Haus und am Herd; der Mann sollte tunlichst Vater sein, die Frau Mutter; der Mann ist mehr Hirn, die Frau mehr Herz usw. Freilich ist dies plakativ, aber jedermann kennt diese Einteilung.

Das Wort „Rolle" macht außerdem deutlich: man kann in diese Rolle schlüpfen wie ein Schauspieler, man muß sie nur gut spielen, dann funktioniert das Leben – glauben manche. Wenn auch das christliche Menschenbild eine Aufgabenteilung in wesentlichen Bereichen des Mutter- und Vaterseins für nicht vertauschbar hält und dies biblisch und theologisch begründet, von Rollenverteilung für das Lebensspiel spricht es nicht. So bleibt einzuräumen: Die Verfestigung auf Frauen- und Männerrollen hat der Ganzheitlichkeit als Ziel wahrer Menschwerdung geschadet. Dies ist verhängnisvoll gewesen für die Frau und den Mann.

Da hinreichend die „Verkümmerung der Frau" durch falsche oder verkürzte Leitbilder dargestellt ist, seien hier nur einige Hinweise gegeben, wie sich solche Einflüsse auf den Mann auswirken.

Ein falsches Erziehungsleitbild war: der möglichst sachlich denkende, nüchterne, emotionslose, beherrschte, harte, mit Durchsetzungskraft agierende Mann. Tränen wurden ihm früh verboten, Gefühle als weibisch ausgetrieben. Er sollte fähig werden, im Lebenskampf – auch im Krieg – der Überlegene zu bleiben. Im Beruf sollte er Leistung bringen, die Familie ernähren, der staatlichen und kirchlichen Obrigkeit gehorchen und diesen Gehorsam andererseits in Familie und von Untergebenen verlangen.

Freilich ist das heute nicht mehr ganz so, aber vom Hirn (Erkennen) bis in die Blutbahnen und das Milieu (Leben) ist ein langer Weg.

Weil die Erwartungshaltung der sozialen Umwelt noch weitgehend hiervon geprägt ist, schlüpft auch heute noch mancher Mann in diese anerzogene Rolle, obwohl ihm nicht mehr ganz wohl ist oder obwohl er sich bisweilen isoliert vorkommt. Zwar kann er nicht alle Erwartungen, weder die selbstgemachten noch die der anderen, erfüllen, aber er folgt in vielen Fällen dem „Programm".

Meine Erfahrung zeigt, daß oft noch bewußt oder unbewußt „in Rollen" gelebt wird, bis hin zur Vaterrolle. Hier geht es mir um die Tragik, die in solch einem einseitigen „Seelenprogramm" liegt.

Es läßt sich wohl nicht die manngemäße „Weltzugewandtheit" des Mannes aufgeben. Er wird in unserer Menschheitsfamilie Aufgaben übernehmen müssen, die getan werden müssen, die seiner biologischen und psychologischen „Natur" mehr entsprechen. Freilich setzt das voraus, daß man noch gewisse Vorgegebenheiten der Natur akzeptiert. Aber der Mann hat diesen Auftrag nicht als seine Domäne und nicht als Betätigungsfeld ohne Bezug zum Dienst am Leben. Er wird nie Mutter sein (auch wenn Biologen experimentieren) und nicht alle Bereiche der Brutpflege erfüllen können, aber seine Struktur bringt auch Voraussetzungen mit, seinen dienenden Platz am Leben und im Leben zu erfüllen.

Wird „die Rolle" zum alleinigen Maßstab, dann setzen Vereinseitigungen, Verarmungen, Frustration und deren Folgen ein: Flucht, Ersatzhandlungen und Neurosen. Dies alles findet sich im Alltag, manchmal verdeckt und kaum zugegeben, dann wieder offen und ohne Entschuldigung, gewissermaßen mit dem unausgesprochenen Hinweis: Ich bin Opfer für euch.

Mit der gedankenlosen „Rollenverteilung", die auch die Frau betrifft, ist eine Entwicklung zur Ganzheitlichkeit schwer erreichbar. Solange Leitbilder darauf aufgebaut werden und daraus Konkurrenzkampf zwischen den Geschlechtern erwächst, wird sich die Situation des Mannes und der Frau nicht ändern. Die „verpaßte Rolle" und das möglichst perfekte Spiel fördern nicht das Leben, welches den „ganzen Menschen" will. Ganz ist er freilich erst, wenn er heil ist, wie Gott ihn will.

Arbeit

Eine angemessene Bewertung jedweder Arbeit steht in unserer Gesellschaft noch aus. Arbeit im Haushalt und Dienste in der Familie werden in der öffentlichen Wertschätzung nicht als völlig gleichwertig mit dem Einsatz im Beruf angesehen. Dies wird auch ersichtlich bei den Diskussionen um Verdienst und Rente. Der Begriff der Arbeit wird leider meist auf Lohnarbeit im Bereich der Produktion oder Dienstleistung beschränkt. Ich nehme diesen Arbeitsbegriff, weil von hier auch Auswirkungen auf die Situation des Mannes ausgehen.

Auch wenn das Erlernen eines Berufes in der Bundesrepublik längst nicht mehr das Privileg der Männer ist, so gehört das Einsteigen in das Erwerbs- und Berufsleben doch zu den normalen Selbstverständlichkeiten für den Mann, und ein anderes Verhalten ist die Ausnahme. Vor allem auch das Verbleiben im Beruf, das Verhaftetsein und Eingebundensein in den Gesamtprozeß der Wirtschaft ist der Normalfall, der „Hausmann" die Ausnahme.

Die im Schöpfungs- und Sündenfallbericht der Genesis ausgesprochene Aufgabenteilung hat sich bis heute im Bewußtsein unserer Männer und Frauen gehalten, auch wenn Gottes Wort längst nicht mehr für alle Leitmotiv des Lebens sein mag (Gen 1,28; 3,16.19.23). Arbeit ist zwar ebenso das tägliche Brot der Frauen wie der Männer, aber der Mann wird als der betrachtet, der außerhalb des familiären Daseins in den Verpflichtungen und Verflechtungen der Wirtschaftsgesellschaft sein ihm gemäßes Lebensfeld hat. Unser Kulturkreis hat diese Zuordnung schon vor Jahrhunderten vorgenommen und hat an ihr festgehalten.

Dies hat Folgen: Zumeist orientiert sich der Mann nach außen, und die Arbeit wird auch als das Medium zur Selbstwerdung und Quelle des Selbstwertgefühls angesehen. In der Arbeit findet der Mann sich selbst, er „verwirklicht sich selbst", und je geliebter die Arbeit ist, je mehr die eigenen kreativen Kräfte zur Geltung kommen können, desto mehr identifiziert er sich mit ihr. Arbeit und Arbeitsplatz sind Stätten der Mensch-Werdung. Aus dem „Fluch über den Acker" wird ein Segen.

Aber so ist es ja nicht generell. In der modernen Industriegesellschaft und angesichts der computergesteuerten Roboter wird dem arbeitenden Menschen häufig oder meist die Kreativität nicht abverlangt. Es sind relativ wenige, die in dieser Art Arbeit sich selbst verwirklichen. Große Unsicherheit befällt den Menschen, denn einerseits suggeriert man ihm, daß er allein durch die Arbeit den Beweis erbringe, etwas zu sein, man postuliert das Recht auf Arbeit (auch seitens der Kirche), man sieht in der Massenarbeitslosigkeit eine Sünde gegen die Menschenwürde, andererseits aber weiß der Mann, ja der arbeitende Mensch, daß nur in seltenen Fällen die zu leistende Arbeit das wahre

Glück ist und daß sie in der Regel kaum ein Mittel zur Selbstwerdung darstellt. Aber die Existenz des einzelnen und der Familie hängt an der bezahlten Arbeit. Der Mann und Vater muß arbeiten.

Zu diesem Grundbefund kommen der ausgesprochene oder unausgesprochene Leistungsdruck durch den Arbeitgeber und oft auch durch die Familie und der damit gegebene Streß. Man ist nur wer – auch in der Gesellschaft –, wenn man auf der Leiter des Erfolges nach oben steigt. Mancher redet es sich selbst ein, und in dieser Wirrnis von Argumenten rotiert man, verliert seinen seelischen Standort, findet nicht mehr die Sprache zum Du und verkümmert, glaubt an seine Unschuld, fühlt sich als Opfer, möchte in der Freizeit problemlos leben. Weil sie extrovertiert und auf die Arbeit gerichtet sind, mangeln oft den Männern die Kräfte zur ganzheitlichen Ausgestaltung des Lebens.

Immer wieder begegnen mir solche Menschen. Mir scheint, daß einerseits Männer mit geringerem Bildungsgrad und solche, die „Spitze" sein wollen, besonders anfällig für den beschriebenen Zustand sind.

Es wäre nun keine Lösung, würde die Therapie mit einer Verteufelung der Arbeit beginnen. Erstens leben wir nur, wenn wir die Erde bebauen und Gottes Auftrag erfüllen, und zweitens wird auch in Zukunft der Mann in der arbeitsteiligen Gesellschaft im wirtschaftlichen Leben seinen primären Platz haben. Aber es muß die Vergötzung der Arbeit ebenso aufhören wie die der Leistung. Das menschliche Glück kommt nicht aus dem Erfolg und gründet auch nicht in erstrebten Machtpositionen, es beruht auf der umfänglichen menschlichen Ganzheit der Person, nicht in Zerstückelung und Verkümmerung der geschenkten Gaben und Fähigkeiten.

Familie

Mit einem Lebensbereich steht die Arbeit außerhalb des Hauses in besonderem Maße in Spannung, mit dem Familienleben. Nun sollte man tunlichst vermeiden, dies erst als Folge der Industrialisierung anzusehen, schon wesentlich früher hat dieser Prozeß begonnen, wenn wir einmal vom bäuerlichen und heimhandwerklichen Beruf absehen. Wie auch immer, heute ist Erwerbsarbeit des Mannes außerhalb der Familie und ihrer Lebensvollzüge der Normalfall.

Wer eine Arbeitswoche lang seine Arbeitskraft und seine Zeit auf den Arbeitsmarkt trägt, der ist leider nur noch teilweise mit Engagement in der Welt der familiären Alltäglichkeiten daheim. Und wenn er zur Regeneration seiner leib-seelischen Kräfte zu Hause ist, möchte er in diesen Stunden nicht gern mit Fragen behelligt werden. Selbst Männer mit grundsätzlicher Bereitschaft, sich ganz einzubringen, stellen die Grenze der Belastbarkeit fest, wie sie sagen. (Berufstätige Frauen werden ja auch nicht nur durch zu erledigende Arbeit im Haushalt „doppelbelastet", sondern auch durch nicht gelebte und lebbare Integration im familiären Bereich.) Dann konzentriert sich meist die intensive Familienpflege auf das Wochenende. Dies führt zu neuen Belastungen, denn einerseits haben Samstag und Sonntag kein Werktagsgesicht, und andererseits ertragen Frau und Kinder die „geballte Präsenz" und die „stoßweise Erziehung" nur schwer.

Man kann vielerlei Ursachen nennen: Da ist das Informationsdefizit des Mannes in bezug auf Vorgänge während der Woche; da ist häufig die Beeinträchtigung der Alleinentscheidungsfunktion von Frau und Mutter; die Erfahrung der Meinungsverschiedenheiten; das Auseinanderstreben – gerade am Wochenende – der Interessen (dies vor allem in Familien mit Heranwachsenden). Unversehens findet sich der Mann und Vater am Rande. Mangelnde Präsenz ist kaum wettzumachen.

Und nun setzt eine Reaktion ein, die zwar falsch, aber auch bis zu einem gewissen Grad verständlich ist. Das Feld wird überlassen, die Aufteilung in Kompetenzbereiche wird festgeschrieben. Der Verlust für alle Seiten ist irreparabel. Verbindet sich im Leben des Mannes mit dem Einsatz im Beruf ein starkes Engagement im öffentlichen Leben oder im Vereinswesen, dann wird das Problem noch verstärkt.

Nicht alle Männer verfügen über die Einsicht, daß nur durch Mitleben volle Integration erreicht werden kann, auch volle Integration in Prozesse des familiären Lebens, und da mit einem bloßen „klärenden Sachgespräch" nicht die Vielschichtigkeit des Lebens in den Griff zu bekommen ist, wird, wie mir scheint, oft der Rückzug an den Rand zwar nicht gewollt, aber geradezu als schicksalhaft hingenommen. Es ist erstaunlich, daß unsere Generation, die über mehr Freizeit verfügt als die Generation unserer Väter und Großväter, keine wirklich griffigen Ansätze entwickelt, mehr Einheit von Beruf und Familie im Leben zu entwickeln.

Einmal müßte das Phänomen der Außensteuerung, welches alle betrifft, gründlicher erwogen werden, die Fähigkeit zum Gespräch angesichts der Sprachlosigkeit von Männern in Fragen des Emotionalen sollte gefördert und der integrierenden Kraft des bloßen Daseins mehr Wert beigemessen werden.

Auch wenn es erfreulicherweise allenthalben Ansätze gibt, daß der der Sachwelt zugewandte Mann sich mehr den personalen Werten gerade seines familiären Lebensbereiches zuwendet und daß er seine Verantwortung erkennt – allzu häufig erfahre ich den Mann und Vater am Rande, selbst wenn er meint, er sei drinnen.

Kirche

Als die katholische Kirche in Deutschland feststellte, daß Frauen, vor allem der jüngeren und mittleren Generation, „aus der Kirche auszogen", meist ohne aus ihr auszutreten, und so einfach durch ihre Nichtpräsenz auf sich aufmerksam machten, da reagierten Verantwortliche in den Diözesen. Man suchte nach Mitteln und Wegen, diesem Trend entgegenzuwirken.

Daß der katholische Mann vielfach schon längst dem kirchlichen Lebensvollzug entfremdet war, das wurde offenbar hingenommen, und es scheint auch heute nicht besonders erschreckend. So entsteht der Eindruck, dies sei eigentlich „normal".

Besonders gravierend ist dieser Befund im Bereich der Arbeiterschaft, aber keineswegs nur dort. Die Entfremdung existiert.

Der Mann tut sich schwer mit Vollzügen des kirchlichen Lebens – ohne daß er deswegen areligiös sein muß –, und dies auch, obwohl die katholische Kirche in Deutschland durch Jahrzehnte ein Verbandswesen kennt, das sich besonders dem Manne zugewandt hat. Es erübrigen sich die Zahlen, ein Blick in unsere Gottesdienste und kirchliche (Bildungs-)Veranstaltungen genügt. Auch wenn es ein Gefälle innerhalb der Bundesrepublik geben mag, unter spezieller Beachtung des Verhaltens der Männer betrachtet, sind wir keine Volkskirche (mehr).

Mir scheint eine Reihe von Gründen mitbestimmend für diesen Zustand. Trotz des Schlagwortes von der „Männerkirche" – sie scheint mehr „Frauenkirche" zu sein, was die Alltagsgestalt, die Form des Gottesdienstes, die Andachtsfrömmigkeit der vergangenen Jahrzehnte, die Art und Weise der Verkündigung – besonders bezüglich des Adressaten –, die Aufwendung von Zeit für spezifische Gruppen und was die Zuwendung betrifft. („Männerkirche" meint ja wohl als Schlagwort zuerst die hierarchische Struktur und die Tatsache, daß eben es Männer sind, die zum Sakrament der Weihe zugelassen sind. Im Sinne der Offenbarung ist Kirche der Leib Christi, und da gibt es keinen

Unterschied in der Würde der Glieder, weder der Mann noch die Frau sind da „mehr" [Gal 3,28].)

Es gibt ausgezeichnete Untersuchungen über die Frau und ihre Religiosität, über die Beziehung der Frau zur Kirche und über den Wandlungsprozeß, der stattfand. Vom Manne spricht man weniger und hat wohl auch unterlassen, alle Gründe für die Entfremdung zu erforschen.

Die spezifische männliche Religiosität und Kirchlichkeit wurde und wird angenommen – soweit vorhanden –, doch was das ist, wird nicht gesagt. Die Sprachlosigkeit im Religiösen, bei gleichzeitiger Bereitschaft, über Inhalte zu diskutieren, das „Sachgespräch" zu führen, wird jedem auffallen, der es mit Männern in der Kirche zu tun hat. Wäre nicht auch darin eine Ursache für den Auszug der Männer zu sehen, daß sie in den „Weltzwängen" glauben anders handeln zu müssen, als dies die Sprachregelung der Kirche erlaubt, weshalb dann auch die Diskrepanz zwischen ihrer Lebenswelt und der Kirche unerträglich wurde? Haben wir in der Kirche Gott mehr in die Nähe zur Frau gerückt als zum Manne?

Eigentlich lassen sich nur Vermutungen nennen, die sich alle bündeln, und es entsteht so ein Nährboden, auf dem eine teilweise kirchenfremde oder kirchenfeindliche Umwelt dem Manne deutlich machte, daß er als freier Mensch nicht die Bevormundung durch die Funktionäre der Kirche brauche. Religion sei „Weibersache", und eines gestandenen Mannes Leben bedürfe nicht kirchlicher Lebensvollzüge. Mag sein, daß gerade auch die kirchliche Morallehre mit den Fragen um die verantwortliche Elternschaft den Mann von der Kirche abhält, ihn reserviert und stumm macht. Der Ist-Zustand beweist es wieder, es mangelt dem Mann an seelischer Beheimatung – ähnlich wie in der Familie.

Ich erfahre, daß die Entfremdung existiert und nur in verhältnismäßig bescheidenem Prozentsatz eine volle Identifikation des Mannes mit der Kirche vorliegt.

Konservativ

Im Folgenden möchte ich einige Ursachen nennen, die aus der Struktur der Psyche kommend den Aufbruch des Mannes zu seiner Emanzipation erschweren.

Meine Beobachtung sagt mir, daß viele Männer eher beharrend und konservativ verfaßt sind als die Frauen. Dies möchte ich nicht primär auf die Politik oder den Beruf beziehen, sondern auf Bereiche, in denen der Mann ansonsten beheimatet sein möchte. Diese Feststellung treffe ich im Wissen darum, daß es „den“ Mann und „die“ Frau nicht gibt und daß es auch konkret nicht immer so ist.

In vielfältigen Begegnungen wurde mir deutlich, daß rasche Veränderungen und Umstürze zwar mitvollzogen werden, aber der Verlust des Gestrigen tiefe Wunden schlägt, auch wenn darüber nicht gesprochen wird.

So sind für viele Männer Turbulenzen im familiären Leben eine seelische Katastrophe; die Bereitschaft, das Leben als ständigen Wandel zu betrachten, ist zwar intellektuell da, aber nicht in den Tiefenschichten. „Es war doch immer so“, „es ging doch auch bisher“ und wie die Äußerungen lauten mögen. Im Berufsleben und am Arbeitsplatz zwingt das Gewicht des Faktischen die Männer zwar stets zur Anpassung, aber gerade das ruft Gegenkräfte wach, weckt oder verstärkt das Bedürfnis, irgendwo im Vertrauten beheimatet zu sein. Weil dies aber nicht immer der Fall ist und sein kann, steht der Mann mit seiner seelischen Schwerfälligkeit sich und anderen im Wege. „Das verstehst du nicht“ – die Frau sagt es, die Kinder sagen es.

Ob dies gut oder weniger gut ist, das ist für mich hier nicht die Frage, sondern nur: daß es so ist. Ob es mit der mehr statischen Psyche des Mannes zusammenhängt im Gegensatz zu einer dynamischen und emotionalen der Frau (mit Vorbehalt)?

Ein Blick auf innerkirchliche Entwicklungen zeigt das gleiche Phänomen. Die Zahl der Männer, die bereit sind, Formen der Liturgie oder Ausgestaltungen der Frömmigkeit, die neu sind, mitzuvollziehen, ist weitaus geringer als die von Frauen. Dabei ist es eigentlich unerheblich, ob es sich um wirkliche Experimente handelt oder um Einbeziehung durchaus offiziell vorgesehener Liturgieelemente.

Die Teilnahme an kirchlichen Veranstaltungen sogenannter neuer geistlicher Gemeinschaften ist bei Männern erheblich geringer.

Meist neigt der Mann zu dem, was ihm vertraut ist – soweit es sich um das Innenleben handelt, um das, was er als sein ganz Persönliches ansieht, und häufig nur dort, wo das Sachliche und Instrumentale zur Frage steht, ist er experimentierfreudig. Dies allein als einen Störfaktor anzusehen halte ich für falsch. Der Wert kommt aber nur dann ganz zur Geltung, wenn er im Spiel der Meinungen sich artikuliert. Wenn auch ein Wandel eingesetzt hat, Männer der mittleren und älteren Generationen scheinen mir „konservativer“ strukturiert, beharrender, weniger beweglich in ihrer Psyche als Frauen. Nicht selten kommen aus der konservativen Grundverfassung des Mannes im Gemeindeleben Spannungen auf zwischen sogenannten fortschrittlichen, die Neuerung liebenden Gruppen und Geistlichen und umgekehrt. Schließen sich jüngere Männer „emanzipatorischen Bewegungen“ an, so gelten sie als Außenseiter. Freilich gibt es ebenso das umgekehrte „Bündnis“.

Emotionales Defizit

Mit dem bisher Gesagten steht ein anderer Sachverhalt in engem Bezug. Viele Männer haben Scheu, ja Angst, ihre Innenwelt „herauszulassen“. Man spricht von Defiziten im Bereich des Emotionalen. Ich sehe es nicht so, sondern erkenne mehr eine gewisse Unfähigkeit, die Welt der Gefühle „ungefiltert“ aus sich zu entlassen. Daß der Mann zutiefst auch der Leidenschaft fähig und reich ist an inneren seelischen Vorgängen, zeigt ein Blick in ihn, und das belegen auch vielfältige Veröffentlichungen. Dennoch, immer wieder begegnen mir Männer, die in einer Emotion einen Makel ihrer Männlichkeit sehen. Es mag sein, daß solches Verhalten mit der Erziehung zusammenhängt und mit einem Leitbild mancher Epochen, es kann das Ergebnis der Anpassung an die Welt sein, die den Mann besonders prägt, die Bereitschaft, der Erwartungshaltung der Umgebung zu entsprechen, alles das spielt eine Rolle, wohl auch die naturgegebene „Mann-Struktur“. „Mit kühlem Kopf“ und mit einem Herzen, das man fest in die Hand nimmt, nur so kann man eben Tod und Teufel widerstehen, ihnen ins Auge blicken - denkt man und übersieht, daß es nicht nur Tod und Teufel gibt, sondern das vielgestaltige und blühende Leben.

Viele möchten nicht die Priorität der Vernunft auf dem Altar der Gefühle opfern. Und es kann sich wohl auch nicht darum handeln, die eine geistig-seelische Befähigung der anderen zu unterwerfen, sondern nur darum, ganzmenschlich zu leben.

Hinter der Verhaltensform gewisser Sprödigkeit, wenn es um das eigene Ich in Beziehung zum Du geht, steht auch die Angst, sich etwas zu vergeben. Aber mehr noch scheint mir folgendes Ursache zu sein: Man hat nicht geübt und gelernt, mit dem eigenen Seelengrund umzugehen, verdächtigt das Emotionale totaler Irrationalität.

Da man auch nicht wie eine Frau sein will, der man doch mit männlicher Überlegenheit begegnen will, unterdrückt der Mann das, was auch ihn stark prägt. Dies führt zu verkürztem Menschsein und stößt Mann und Frau wieder in eine „Rolle“.

Im Bereich des Religiösen scheint sich mir dies zu bestätigen. Rückbindung an Gott und deren Äußerungen sind ja nicht Prozesse des Hirns (allein), sondern Lebensvorgänge im Menschen als Person. Alle Fähigkeiten und Kräfte spielen hier mit. So wie Beten kein rationaler Vorgang ist, sondern zuinnerst Bewegung des Willens des geistbegabten Wesens, so gehört alle Sehnsucht des Herzens in religiöse Akte, das volle Ausgespanntsein des ganzen Menschen auf Gott, auf den ich als Mann oder Frau hin tendiere, an den ich mich binde, „in dem ich lebe, in dem ich mich bewege, in dem ich bin" (Apg 17,28).

Hier kann man beim Mann - von den Ordensmännern spreche ich nicht - eine spürbare Zurückhaltung feststellen. Er vermeidet gern Äußerungen, die ihn als besonders religiös erscheinen lassen könnten. Religion ist seine private Sache, er hütet sein Inneres. Nicht, daß sein Interesse verschüttet wäre, nein, er redet gern und intensiv über Sachprobleme der Theologie, des Glaubens, der Kirche und der Vorgänge in Kirche und Welt. Aber seine Erlebniswelt kommt dabei nur ganz dosiert ins Spiel, schon gar nicht kommen sein Gebet, seine Buße, seine Schuld, seine Reue, seine Niederlagen zur Sprache.

Auch möchten viele Männer nicht mit dem in Verbindung gebracht werden, was man als peinliche Entblößung des Innenlebens zu bezeichnen pflegt. Und wenn es schon sein soll, dann nicht öffentlich.

Herkunft und Charakter spielen wohl ebenso eine Rolle wie traditionelle Verhaltensweisen und Abwehrmechanismen. Auch läßt sich nicht leugnen, daß einer allzu sich „entblößenden Frömmigkeit" eine korrigierende „seelische Schamhaftigkeit" bisweilen gut tut.

Dennoch, wenn der Mann erkennt, daß seine bewußte oder angepaßte Zurückhaltung ihn nur ärmer macht und sein Menschsein nicht wächst durch Abstinenz im Bereich des Emotionalen, und wenn ihm klar wird, daß seine Religion nicht bloß in Aktion oder Mittragen von Strukturen bestehen kann und Kirche schon gar nicht allein Sache der Pfarrer und Frauen ist, dann dürften seinem persönlichen, familiären und dem kirchlichen Leben neue Kräfte zuwachsen.

Allerdings muß die Pastoral auch Wege einschlagen, die den Mann nicht weiterhin nur als „unterentwickelt" apostrophieren, sondern muß sich ihm zuwenden, gerade angesichts des Aufbruchs, den die Frauen gewagt haben.

Weckung der Hoffnung

Ein Blick in die vielfältige Literatur zum Thema „Mann“ darf getrost eine Feststellung treffen: Ermutigend wirkt vieles nicht. Und so kommt es mir auch bei Gesprächen vor: Die Unsicherheiten und Ängste der Männer werden intensiviert. Das führt zu Abwehrreaktionen, die in ihrer Folge Verhärtungen hervorrufen.

Nur gemeinsam werden Mann und Frau ihre Gottebenbildlichkeit und Ganzheit leben können. Nur gemeinsam verlassen sie sich selbst und gehen aufeinander zu, einer wird zum Geburtshelfer für den anderen. Nur gemeinsam werden sie dem Auftrag Gottes entsprechen und einander zugewandt nicht die Welt aus dem Auge verlieren. Denn genau das könnte die Folge sein, wenn Frauen und Männer in permanenter Selbstbetrachtung nur sich im Auge haben.

Vielleicht müssen wir um der personalen Würde eines jeden und um des gemeinsamen Dienstes am Leben willen weniger von Rechten reden und mehr vom Anspruch der Liebe, besteht doch darin der Auftrag des Evangeliums.

Paul M. Zulehner

Männerbefreiung: Geschlechterstreit?*

„Der Mann ist unfrei, abhängig, unselbständig. Das zu erkennen, verlangt eine neue Denkweise. Die Unfreiheit des Mannes äußert sich zweifach. Der Mann ist innerlich - psychisch - und äußerlich - gesellschaftlich - unfrei. Die Unfreiheit verdeutlicht sich in Zwangsverhaltensweisen, in einer ununterbrochenen Wiederkehr von Handlungen und Unterlassungen, in unabänderlichen geistigen Haltungen, in der Erstarrung eines Selbstbildes.

Männer gehen seit Moses zehn Geboten mit Menschen um über das Diktat: ‚Du sollst!' Es bedeutet: ‚Ihr anderen sollt es so machen, wie ich es sage. Ich verschleiere, ob ich selbst das mache, was ich von Euch verlange.' Ich möchte mit diesem Umgang brechen. ‚Befreiung des Mannes' bedeutet für mich, zuallererst zu erklären: ‚Ich will, ich handle danach, und ich zeige mich, wie ich versuche, mich zu verändern.'"

Dieses Zitat stammt aus dem Manifest für den freien Mann von Volker Elis Pilgrim.[1] Dieses ist „für Männer gedacht, die ebenfalls fühlen und wissen, daß sie unfrei sind". Pilgrim möchte mit ihm „Männer bewegen, eigene neue Lebensweisen zu probieren und vielleicht darüber auch etwas mitzuteilen".

Daß es eine Frauenbewegung gibt, weiß heute nahezu jeder. Die Männerbewegung hingegen ist bislang noch nicht sehr bekannt. Die ersten Männergruppen waren 1973/74 entstanden. Die Gründungsanlässe waren lapidar: Rollenkollaps, Partnerprobleme, Berufselend. Oftmals waren bei den Männern Frauen im Spiel, die sich in Frauengruppen gesammelt und dort verändert hatten.

Solche Männergruppen und ihre Suche nach der Befreiung des Mannes passen nicht in unsere kulturelle Landschaft. Ist es nicht heute nahezu eine unbestrittene Tatsache, daß wir immer noch, jahrtausendelang schon, in einer männerrechtlichen Gesellschaft leben? Sind nicht die Lebenschancen in diesem etablierten Patriarchat zugunsten des Mannes ungerecht verteilt? Die Frauen haben eine Befreiung nötig.

* Erstmals veröffentlicht in: Orientierung 43 (1985) 257–261.

[1] *Volker Elis Pilgrim,* Manifest für den freien Mann, München [5]1979, 5.

Aber die Männer? Was daher angemessen ist, kann nur eine Befreiungsbewegung von Frauen sein. Eine Männerbefreiungsbewegung dagegen sieht auf den ersten Blick eher nach einer makabren Verspottung der unterdrückten Frauen durch die privilegierten Männer aus.

Sollte es sich also bei der Männer-Befreiungsbewegung um einen neuen Trick des raffinierten Patriarchats handeln? Ist es eine neue Phase im Geschlechterstreit? Wollen Männer ihre privilegierte Position vielleicht zuungunsten von Frauen noch mehr ausbauen? Sehen wir näher zu, was mit einer wachsenden Zahl von Männern los ist. Daß im Rahmen meiner Ausführungen viele Fragen nur angerissen werden können, versteht sich.

Patriarchat und kapitalistische Wirtschaftsform

Wir fangen bei der unbestrittenen These vom jahrtausendealten Patriarchat an. Typisch für dieses ist es, daß in ihm Männer bevorzugt, die Lebenschancen der Frauen aber ungünstiger sind. Wir fragen weiter nach dem Zusammenhang von Patriarchat und Kapitalismus. Manche meinen, beide gesellschaftlichen Ordnungsformen seien identisch. Der Kapitalismus sei die natürliche Folge des Patriarchats. Die Art und Weise, wie die kapitalistische Gesellschaft organisiert ist, sei eben „typisch" männlich: Es zählt der Erfolg, der output, das Gewinnen, die Konkurrenz, der am Ende für einige immer tödliche Kampf.

So verwandt also Patriarchat und Kapitalismus zu sein scheinen: Sie sind insofern nicht identisch, als es ja offenbar das Patriarchat schon auch in anderen Spielarten gegeben hat: auf der Stufe der Jäger und Sammler oder in Feudalwirtschaften. Im Vergleich zu diesen vergangenen Varianten des Patriarchats scheint nun aber die kapitalistische für den Mann gegen seine eigenen Pläne viele Nachteile für ihn selbst erbracht zu haben. Das ist also unsere erste Behauptung: *Obgleich die industriekapitalistische Gesellschaftsform vom Mann geschaffen wurde, hat sie ihm selbst viele Nachteile gebracht. Seine privilegierte Rolle wurde schwer beschädigt. Der herrscherliche Mann selbst wurde unfrei.*

Die Wirtschafts- und Gesellschaftsform, die er sich schuf, unterdrückt ihn selbst. Unberührt von dieser Behauptung bleibt, daß in jedem Patriarchat die Frauen benachteiligt sind und daß die Nachteile für sie im kapitalistischen Patriarchat vermutlich noch verschärft wurden. Doch wird in der Tat häufig übersehen, daß nicht nur die Frau heute unfrei ist, sondern eben auch der Mann. Nicht nur Frauen bedürfen somit der Befreiung, sondern auch die Männer.

Wir gehen dem Weg der *Beschädigung der Männerrolle im industriekapitalistischen Patriarchat* kurz nach. Entscheidend dafür war die Trennung von *Wohnen* und *Arbeiten.* Geschah dies bis dahin mehr oder minder unter einem Dach (man denke an landwirtschaftliche und handwerkliche Betriebe), so mußte jetzt der proletarische Industriearbeiter in die Fabriken. Dort verbrachte er nun die meiste wache Zeit. Kam er dann müde nach Hause, brauchte zumal der Proletarier der frühkapitalistischen Zeit seine Freizeit dazu, um seine Lebensgrundlagen aufzubessern und zugleich seine ausgebrannte Arbeitskraft zu erholen. Die Familie wurde nunmehr ausschließlich zur Sache der Frau. Erst die Industrialisierung führte somit zur tendenziell ausschließlichen Zuteilung der Berufswelt an den Mann und der Familienwelt an die Frau.

Dies hatte zur Folge, daß beim Mann vornehmlich die beruflichen Rollenanteile, bei der Frau hingegen die familiären entwickelt wurden. Zugleich gingen Frauen und Männern die anderen Anteile mehr oder weniger verloren.

Geschlechterrollen und Arbeitswelt

Die Entwicklung der Geschlechterrollen ist freilich noch viel komplizierter, als es die bisherige Analyse vermuten läßt. Denn die Berufsrolle prägt ja den Mann nicht nur für den Berufsbereich. Er bewegt sich vielmehr als beruflich geformter Mann auch in den anderen Lebensbereichen, also in der Familie, in der Freizeit, in der Kirche. Deshalb ist es für unsere Überlegungen wichtig, anzusehen, was die industriekapitalistische Arbeitswelt aus dem Mann macht: Kennen wir seine Berufsrolle, dann wird verständlich, wie er sich mit hoher Wahrscheinlichkeit auch in anderen Lebensbereichen benimmt.

Dies scheint das berufliche Rollenkonzept des heutigen Mannes zu sein: „Der Mann soll zu Positionen und zu Geldern kommen, sich für Sachen aufopfern, Persönliches zurückstecken, ganz in seiner Arbeit aufgehen. Der Mann soll durch seinen Beruf zum Menschen werden (Hegel). Dabei soll er gegen seinen Nebenmann konkurrieren, seinen unter ihm stehenden Mann stoßen, seinen über ihm stehenden Mann stützen. Dieses Konzept kann der Mann übereifrig verinnerlicht oder aversiv abgewehrt haben. Der eine Mann macht Karriere, der andere läuft gegen die Institution Sturm. Der eine manövriert sich nach oben, der andere stagniert in selbstzerstörerischer Dauerauflehnung."[2]

Wichtig ist hier also, daß die Arbeit (anders als in vorindustriellen Zeiten) nicht der Ort ist, an dem der Mann schöpferisch zu sich kommt, sich also selbst kennen und verwirklichen lernt. Vielmehr ist die Arbeit „entfremdend". Sie führt den Mann eben nicht zu seiner Person, sondern zu toten Dingen. Wichtig sind jetzt die Vermehrung der Dinge, der Fortschritt, der Erfolg, das Gewinnen und Siegen, die Leistung, die aber nicht nach menschlichen, sondern sachlichen Gesichtspunkten bewertet werden. Im Mittelpunkt steht also nicht der Mensch, sondern der Profit. In der beruflichen Welt muß sich der Mann behaupten, durchsetzen, und dies in einem harten Konkurrenzkampf, in dem immer einige auf der Strecke bleiben müssen. Also benimmt sich jeder so, daß nicht er, sondern der Konkurrent untergeht. Kapitalistische Arbeitswelt ist tendenziell antisolidarisch, begünstigt den Starken und benachteiligt den Schwachen. Es ist klar, daß davon die berufliche Rolle des Mannes nicht unberührt bleibt: Er wird sachorientiert, hart, strebt nach Erfolg und Aufstieg, beugt sich nach oben und tritt nach unten. Es sieht so aus, als wäre dieser hierarchische Machtkampf zwischen oben und unten ein inneres Moment im Leben des Mannes.

Es wundert uns nicht, daß diese berufliche Formung des Mannes nicht ohne nachteilige Folgen für ihn bleibt. Der Preis, den der Mann heute in der Berufswelt zu zahlen hat, ist hoch. Eine Menge von physischen und noch mehr von psychischen und psychosomatischen Beschädigungen sind nachgewiesen. Arbeit ist, wie sie heute organisiert ist, nicht mehr ein guter Lebensort für den Mann. Das heißt wiederum thesenhaft: *Die Männerrolle ist vornehmlich Berufsrolle. So entsteht aber eine halbierte Rolle. Eben diese halbierte Rolle ist zudem in vieler Hinsicht nachteilig für den Mann.*

Alltagsleben und Kapitalismus

Nachteilig ist diese halbierte Berufsrolle aber nicht nur für den Mann persönlich. Die Nachteile betreffen auch die Familie. Nicht nur, daß der Mann wenig Zeit in der Familie verbringt. Er fehlt damit in der Familie. Die Familie wird tendenziell zum ausschließlichen Bereich der

[2] Ebd. 118.

Frau (und Mutter). Der im Berufspatriarchat festgehaltene Mann erzeugt somit eine Art Familienmatriarchat.

Dies hat nicht zuletzt auch Auswirkungen auf die Entwicklung der Kinder. Die Familie gleicht zunehmend der Madonnaszene: Mutter und Kind ohne Vater. Der Mann bringt durch seine Arbeit vor allem das Geld ins Haus. Ansonsten bleibt er ein distanzierter Krisenmanager. Er ist leiblich und weithin auch seelisch von der Familie getrennt. Für das Kind bedeutet dies: Es ist einerseits dem zur Resignation neigenden weiblichen Hausmenschen ausgeliefert, wird oft zum einzigen Lebensinhalt der Mutter. Es gab wohl kaum Zeiten in unserer Menschheitsgeschichte, in denen ein oder zwei Kinder, zudem in den modernen Familienschließfächern einer (Zu-)Kleinstfamilie, so sehr einer oftmals psychisch belasteten Mutter ausgeliefert waren. Sollten jene recht haben, die vermuten, daß deshalb die Kinder immer weniger erwachsen werden, weil sie von ihren Müttern eben nicht freigegeben werden, ihrerseits also nicht von ihnen loskommen? Dem Kind fehlt also der Mann. Es braucht den Mann für seine Entwicklung, um der Resignation zu entrinnen, um aber auch einen Begriff von außerhäuslicher Arbeit zu bekommen.

An dieser Stelle wird die von Christa Mewes und ihrem Freundeskreis zur Sanierung der deutschen Familie vorgeschlagene Resolution bedenklich. Sie versucht zwar das Problem anzugehen, wie Mütter nach der familiären Ehephase wieder in die Berufswelt eingegliedert werden können. Dazu schlägt sie ein Sozialjahr für schulentlassene Mädchen in Familien vor, will die Kinderzeit durch familienerfahrene Psychologinnen begleiten lassen und die dabei wachsende soziale Kompetenz der Frauen durch eine Eingliederung dieser Mütter in soziale Berufe nutzbar machen. Von den Vätern aber ist im Konzept keine Rede. Sie bleiben, wo sie sind: außerhalb der Familie, im Beruf. Dieses Konzept verwendet keinen Gedanken darauf, daß das Kind den Mann braucht.

Noch weniger bedenkt es aber, daß auch der Mann das Kind braucht. Das Kind könnte ihn lehren, daß es eine spielerische Freiheit im Umgang mit Rollenzumutungen gibt, daß man ausbrechen kann. Es könnte dem Mann ungebrochenen Lebensmut zeigen. Vor allem könnte der Mann vom Kind lernen, weich zu sein, zu lieben. Vielleicht kann dies der Mann heute (im Kontext des Feminismus) leichter vom Kind als von der Frau lernen. *Die gegenwärtige Berufsrolle führt also dazu, daß der Mann des Kindes und das Kind des Mannes entbehrt.*

Dazu kommt, daß auch die Beziehung zwischen den Geschlechtern von jenen Eigenschaften überformt wird, welche der Mann im Beruf lernt und durch stetige Wiederholung einsaugt. Könnte es nicht sein, daß ein Zusammenhang besteht zwischen der Gewalt im Kapitalismus und der Gewalt zwischen den Geschlechtern? Diese Vermutung wurde verschiedentlich ausgesprochen. „... in einer von Gewalt bestimmten Gesellschaft, in der man sich möglichst das nimmt, was man braucht, halte ich (der Autor) Vergewaltigung für ein Symptom der Krankheit unserer Gesellschaft im allgemeinen, auch dafür, daß Sexualität teilweise zur Ware verkümmert ist und gerade auch von Frauen als Ware angeboten und eingesetzt wird – manchmal sogar als Waffe. Der Täter scheint mir auch in diesem Fall möglicherweise Opfer zu sein in einer Situation, in welcher er den Überblick über seine Menschlichkeit verloren hat. Mich wundert, daß hiervon bei feministischen oder dem Feminismus nahestehenden Autorinnen nur selten die Rede ist. Ansonsten erkennen sie durchaus, daß es meistens nur hilft, einen Brunnen zu beseitigen – nur bei Männern wollen viele Frauen den Brunnen nicht sehen, sondern nur den, der hineingefallen ist."[3]

Kulturelle Folgen ökonomischen Bewußtseins

Die Halbierung der Männerrolle im industriekapitalitischen Patriarchat hat auch Auswirkungen auf die *Religiosität des Mannes.* Angesichts dieser Behauptung muß zwar offen bleiben, ob und wie der Mann in einer eigenwilligen Weise und anders als Frauen und Kinder religiös ist. Doch gibt es Anhaltspunkte dafür, daß der im industriekapitalistischen Berufsbereich geformte Mann es schwer hat, einen Zugang zur Religion zu finden oder zu bewahren. In einer Studie an Führungskräften in der Wirtschaft, in der Verwaltung und in der Kirche[3a] geht es uns um zwei Fragen: Gibt es so etwas wie ein der industriekapitalistischen Berufswelt angemessenes, also „ökonomistisches Bewußtsein"? Und wie verträgt sich dieses im Wirtschaftsbereich erzeugte Bewußtsein mit dem religiös-christlichen Bewußtsein, das vorwiegend in den christlichen Kirchen angesiedelt ist und von diesen vertreten wird?

[3] *Heinz Körner,* Mit offenen Karten. Eine Provokation zum Dialog, in: ders. (Hrsg.), Männertraum(a). Ein Lesebuch für Erwachsene, Fellbach 1984, 44.

[3a] *F. X. Kaufmann/P. M. Zulehner/W. Kerber,* Ethos und Religion bei Führungskräften, München 1986.

Die Ergebnisse bestätigen, wie sehr das Fühlen und Denken der Männer, aber auch der Frauen in Wirtschaft und Verwaltung „ökonomistisch“ ist. (Auch die Verwaltung der Kirchen ist davon nicht ausgenommen.)

Die Analysen decken auf, daß es zwischen dem ökonomischen und dem religiösen Bewußtsein Konflikte gibt. Um sie zu bearbeiten, wird eine gezielte Bewußtseinspolitik in Gang gesetzt. Dafür gibt es mehrere Strategien. Religion und Beruf werden z. B. fein säuberlich getrennt. Dies ist auch im öffentlichen Bewußtsein längst geschehen. Wirtschaft und Kirche haben kaum etwas miteinander zu schaffen. Die Werte der Religion haben in ihr keinen Platz. Andere ziehen sich aus der Religion ganz zurück. Oder sie formen die Religion derart um, daß sie mit dem ökonomischen Bewußtsein gefahrlos verbunden werden kann, also nicht mehr stört.

Kennern der religiösen Situation unseres Landes fällt auf, daß wir damit die Rolle der Religion im öffentlichen Leben allgemein zu beschreiben begonnen haben. Was nicht verwundert, denn die Wirtschaft ist die zentrale Institution unserer Gesellschaft und prägt somit auch die Rolle der Religion in ihr. Religion ist in den privaten Lebensraum abgedrängt, wird zur Sache der Kinder und Frauen, hat ihren Ort an den wichtigen Ereignissen der Familiengeschichte, also rund um Tod und Geburt, Krankheit und persönliches Leid, zum Teil auch immer noch Schule, Schulentlassung und Eheschließung.

Was aber der Religion gesellschaftlich widerfährt, passiert ihr auch im Leben und im Bewußtsein des Mannes. Sie wird ausgeblendet oder umgedeutet. Solange sie störungsfrei bleibt, wird sie behalten. Ansonsten wird sie an den Rand des Bewußtseins und an den Rand des (öffentlichen) Lebens abgedrängt. Überrascht es uns da, daß die Männer häufig sagen, die Religion sei in erster Linie Sache der Frau, sie habe die Kinder zu erziehen? Sie selbst aber solle man dabei heraushalten. Tendenziell ist daher der Mann in unserer Gesellschaft „unreligiös“ bzw. seine Religiosität wird „unsichtbar“.

Wir haben uns bisher die Auswirkungen der Halbierung der Männerrolle im industriekapitalistischen Patriarchat auf den Mann selbst und auf wichtige seiner Lebensfelder angesehen, auf Familie und Religion. Die Halbierung der Männerrolle hat aber auch weitreichende Auswirkungen auf die gesamte Gesellschaft und Kirche (wobei die bisherigen Auswirkungen auf Familie und Religion selbstverständlich auch schon gesellschaftlich zu nennen sind).

Die Konzentration auf das Materielle, auf den Erfolg, den Profit, das Gewinnen und Vermehren führt dazu, daß in der Arbeitswelt das Kapital mehr zählt als der Mensch. Langfristig ist daher der Kapitalismus, der einerseits den halbierten Mann hervorbringt, den aber der halbierte Mann seinerseits wieder erhält, nicht menschenfreundlich. Menschlichkeit muß ihm gleichsam stets abgerungen werden: ganz gleich, ob es um die Humanisierung der Arbeitswelt geht oder um die Frage, wieweit Arbeitsplätze wegrationalisiert werden dürfen, oder gar um die sensible Frage, wie der gesellschaftlich erwirtschaftete Reichtum verteilt wird, wenn die herkömmlichen Verteilungsmuster über bezahlte Lohnarbeit nicht mehr funktionieren, weil zuwenig Arbeit zur Verfügung steht.

Wie in der Arbeitswelt, so sind generell in der Entwicklung der Gesellschaften die menschlichen Werte heute hinter die materiellen zurückgedrängt. Bestimmend ist nicht nur „Zweckrationalität", sondern in Verbindung mit ihr auch ein Nützlichkeitsdenken. Gut ist, was dem Fortschritt nützt, wobei der Fortschritt zumeist kapitalistisch gedacht wird: als Profit, als Vermehrung des Zinseszinses, als Hebung des materiellen Lebensstandards, als Steigerung des Wohlstandes, als Erhöhung des Bruttonationalprodukts.

Von der Illusion männlicher Allmacht

Von hier aus ziehen sich die Linien fort zur Umformung der lebendigen Mitwelt zur Umwelt, die der Ausbeutung und Plünderung freigegeben ist. Verbunden damit ist zweifelsfrei auch die atheistische Politik der Rüstung, welche eine verbrecherische Veruntreuung der längst knapp gewordenen Überlebensmittel der einen Menschheit darstellt und als solche von uns Christen – gelegen oder ungelegen – angeklagt werden muß. Es ist in diesem Zusammenhang nicht zufällig, daß bislang der gesamte militärische Bereich patriarchal organisiert ist, wobei eben im Zeitalter des Industriekapitalismus hinzukommt, daß die Verantwortung beim inzwischen halbierten Mann liegt. Kann aber der halbierte Mann auf die Dauer wirklich den Frieden sichern? Wird er so, wie er angefangen hat, sich oder die Familien zu zerstören, nicht langfristig die Menschheit, ja die Schöpfung als ganze zerstören? Vieles spricht dafür.

Ein Moment des neuzeitlichen Patriarchats ist schließlich der verbreitete „Gotteskomplex": alles tun zu dürfen, was uns möglich ist, keine Grenzen mehr zu akzeptieren, damit Endlichkeit und Tod zu verdrängen.[4] Das sind typische Merkmale unserer von halbierten Männern getragenen Kultur. Ein Teilmoment dieser Verleugnung der Abhängigkeit von allem, was mit uns leben will, ist die Zerstörung der Mitwelt. Es ist zugleich aber auch eine Mitursache der Zerstörung der „Natur" in uns. Wir haben längst alles, was unserer patriarchalen Herrschaft im Wege steht, unterworfen. Widerständig waren aber bisher vor allem die zyklischen Vorgänge des Lebens. Wir haben sie linearisiert und uns damit stets verfügbar gemacht. Wir können jetzt zu jeder Jahreszeit Erdbeeren essen und folgenlos unbehindert sexuell verkehren. Die Tragik daran ist, daß offenbar alles, was nicht knapp ist, rasch einen Gratifikationsverlust erleidet. Ist dies nicht auch bei der leicht verfügbaren Sexualität der Fall? „Das wichtigste Kennzeichen des Sexualverhaltens heutiger westeuropäischer Männer ist – im Gegensatz zu dem noch immer wachsenden, von den Jahrhunderten des Puritanismus ausgelösten Sexualhunger amerikanischer Männer – der ... Libidoschwund." Die sexuelle Revolution, typisches Phänomen unserer Zeit, scheint immer mehr zu scheitern.

Bei Frauen begegnen wir neuestens einer Absage an jedwede sexuelle Liberalisierung („... nützt doch nur den Kerlen") und einer Zuwendung zur Mutterschaft („zumindest das können uns die Macker nicht klauen"); bei den Männern hingegen beobachtet man eine Abwendung von der Zärtlichkeitsmythologie der sechziger Jahre („... wollen die Weiber ja gar nicht, reden ja nur davon") und eine Rückkehr zum männlichen Aktionismus („das einzige, was bei den Weibern ankommt, ist, was du tust, nicht, was du sagst").[5]

Aber nicht nur die Gesellschaft als ganze ist von der Halbierung des Mannes im industriekapitalistischen Patriarchat betroffen. Auch der *gesellschaftliche Bereich „Kirche"* blieb davon nicht unberührt. Wir gehen dabei jetzt nicht darauf ein, daß die Kirche, sieht man von ihrer Gründungszeit ab, eine tiefsitzende patriarchale Form erhalten hat. Der Begriff von der „Männerkirche" ist nicht zu Unrecht formuliert worden. Doch scheint diese „Männerkirche" unter den neuzeitlichen industriekapitalistischen Bedingungen eine eigenartige Wandlung durchgemacht zu haben. Sie ist aus der patriarchalen Kirche zur Kirche des halbierten Mannes geworden.

[4] Vgl. *Horst E. Richter,* Der Gotteskomplex. Die Geburt und die Krise des Glaubens an die Allmacht des Menschen, Reinbek 1979.

[5] *Ernest Borneman,* Mann kaputt? in: H. Körner, a. a. O. 20.

Dafür gibt es viele Anhaltspunkte. Sie alle zeigen eine hohe „kulturelle Affinität“ der gegenwärtigen Sozialform der christlichen Kirchen zur heutigen Gesellschaft. Man kann daher das Bewußtsein und die Bewußtseinsstrategien von Führungskräften in der Wirtschaft, in der Verwaltung und in den christlichen Kirchen durchaus vergleichen. An einigen wenigen Beispielen soll dies verdeutlicht werden.

1. Wer die Landschaft der christlichen Männerkirchen studiert, stößt zunächst auf ein Denken und eine Sprache, die dem „halbierten Mann“ entspringt. Funktionales Denken überwiegt. Es wird gezählt, nicht erzählt. Der Erfolg ist wichtig, zumal der ökonomische. Pastoralkonzepte, welche die Kirchensteuer in Frage stellen, gelten glattweg als verrückt und kirchenfeindlich. Viele Entscheidungen werden daher nicht mit der Bibel in der Hand getroffen, sondern mit dem Arbeitgeberrecht. Es geht um die Erfassung der Leute, und wie man an sie wieder herankommt. Als ob die Kirche eine Art Menschenjagd wäre. Gesellschaftlich zu gewinnen, uns durchzusetzen, erfolgreich zu sein, das ist uns wichtig. Dazu entwickeln wir auch einen gesellschaftlich hochwirksamen Apparat. Es hat wohl keine Großorganisation eine derart gut funktionierende Lobby wie unsere katholische Kirche.

2. In unseren pastoralen Überlegungen dominieren Begriffe, wie sie in der Wirtschaft laufend vorkommen. Da brauchen wir Pläne, Konzepte, entwickeln Strategien. Nun ist gegen das Planen nichts einzuwenden. Doch vielfach gewinnt man dabei den Eindruck, es gehe uns mehr um die Fortentwicklung, den Fortschritt der Institution, weniger aber um die Menschen. Sollte es ein Teil dieser Grundhaltung sein, daß wir oft mehr auf starre Formulierungen, Lehrsätze, Katechismen, Rechte setzen, denn auf Barmherzigkeit, auf Wachstum und Eigenwilligkeit? Welche Rolle hat für uns das, was sich in unsere Ordnungen nicht bequem einfügt?

3. Ein Teil unserer Anpassung an die Gesellschaft des halbierten Mannes scheint unser Umgang mit Macht zu sein. Von der biblischen Vision einer geschwisterlichen Kirche sind wir weit entfernt. Die Angst um die Macht der Hierarchie wird vorgetäuscht: obwohl die Hierarchie noch nie so mächtig war wie heute. Die Tatsache, daß es heute neben Klerikern auch beauftragte und angestellte Laien gibt, hat daran nichts geändert. Im Grund spielt sich zwischen den alten Inhabern der Vollmacht und den neuen pastoralen Berufen ein makabres Schauspiel um die Neuverteilung der Macht ab: Das Volk, die Leute aber bleiben nach wie vor draußen. Aus der Kleruskirche ist unter der Hand eine Expertenkirche geworden. Expertentum, Expertokratie (I. Illich) scheint

aber ein wesentliches Moment in Gesellschaften zu sein, in denen der halbierte Mann regiert. Die Expertenkirche ist ebensoweit weg von der ersehnten geschwisterlichen Kirche wie die klerikale Kirche. Offenbar produzieren wir Männer selbst dann, wenn wir unsere Kirche reformieren, wiederum nur eine Kirche nach unserem Männerbild. Da gibt es dann eben viele Gremien, Experten, Geschäftsordnungen, Kontrollen, den Streit um die Formulierung der Lehre. Ist es nicht auffällig, daß es in unserer Zeit kein einziges Lehrverfahren zwischen Rom und einer Frau gibt? Gewiß, die Ordensgemeinschaften Amerikas haben sich auch mit Rom angelegt. Aber die Austragung erfolgt anders als jene mit Küng, Schillebeeckx oder Boff.

4. Insgesamt ist, so sagt zusammenfassend die heutige theologische Reflexion, unsere Kirche „christomonistisch" organisiert. Die Sorge um die Hierarchie, um das Priesteramt steht im Vordergrund. Um diese Sorge herum rankt sich alles, was uns heute bewegt. Daß es wichtiger wäre, die Kirche insgesamt durch das vergessene „charismatische" Prinzip zu erweitern, wird gern übergangen. Dies würde ja nicht das Amt abschaffen, würde aber zu einem völlig veränderten Stil der Amtsausübung führen. Schreien vielleicht deshalb so viele, daß das Amt in Gefahr ist, um den Amtsstil nicht ändern zu müssen?

Was die gegenwärtige Kirche bei uns also kaum kennt, ist das „weibliche" Element. Nicht zufällig mutmaßen ja manche Theologinnen und Theologen, daß es Gottes Geist ist, der das Weibliche in Gott repräsentiert. Ist deshalb die Kirche bei uns derart institutionalisiert, verknöchert, leblos, ausgeblutet, weil ihr die andere Hälfte des Mannes, die bei Frauen besser entfaltet ist, also der Geist, fehlt? Ist eine Männerkirche, zumal wenn sie von halbierten Männern geleitet wird, nicht immer in Gefahr, geist- und leblos zu werden?

Befreiung auch des Mannes

Wir ziehen – mit vielen anderen – aus den bisherigen Überlegungen den Schluß, daß nicht nur Frauen der Befreiung aus dem Patriarchat zumal in seiner heutigen Form bedürfen. Auch der unfreie Mann braucht Befreiung.

Wie ist diese Befreiung zu organisieren? Für den „halbierten Mann" typisch wäre es, wiederum um Befreiung „zu kämpfen", allein Strukturen zu verändern. Vermutlich würde es dann so gehen wie in anderen sozialen Revolutionen. Der unverändert alte Mensch würde die neuen

Verhältnisse nach seinen alten Denk- und Lebensmustern gestalten. Fortschritt brächte dies keinen. Befreiung des Mannes kann daher nur dann vorankommen, wenn die Männer an sich selbst zu arbeiten anfangen. Allein werden sie dabei nicht weiterkommen. Besser sind schon Gruppen von gleichleidenden Männern, also Männergruppen. Man soll sich hier nicht davon abschrecken lassen, daß Männergruppen gesellschaftlich oftmals mit „Schwulen-Gruppen" in einen Topf geworfen werden. In diesen Schwulengruppen treffen sich aber gesellschaftliche Minderheiten. Sie kämpfen gegen ihre Diskriminierung. In Männergruppen hingegen sollten sich Männer treffen, die im Patriarchat an sich nicht diskriminiert, sondern privilegiert und doch unterdrückt sind.

Wichtig ist, daß sich dazu die überkommenen Männergruppen kaum eignen. Bei Pfadfindern, Burschenschaften, Sportclubs und diversen Freizeitvereinen überwiegt die patriarchale Organisationsform. Sie züchten und fördern im Mann das Herrschafts-, Bruderkampf- und Unterordnungsverhalten, das er im Ernst seiner Angelegenheiten anwenden muß. „Die Männer in den Befreiungsgruppen versuchen, sich langsam, kontinuierlich und präzise, die Anfälligkeit für Herrschaft aus ihren Zellen herauszumassieren. Die Gruppen arbeiten daran, keinen Führer zuzulassen, keinen ‚Marschplan' zu entwickeln, sich von keinem Erfolgszwang hetzen zu lassen. Statt autoritärer Struktur soll spontane Struktur wirken."[6]

Was brauchen wir eine Männerbewegung, fragte in diesen Tagen ein Student im Seminar für Praktische Theologie. Wir haben doch die Katholische Männerbewegung. Gemessen an den Erfordernissen der Männerbewegung, wie wir sie hier meinen, ein guter Witz.

Typisch für diese Männergruppen ist, daß sie nur aus Männern bestehen. Zu frühes Zusammenwirken mit Frauen im Interesse der Befreiung wird nicht gewünscht. Dies wäre nur eine Wiederholung des Rollenschauplatzes Nummer eins, der Ehe. Der Weg, den Männer in solchen Männergruppen zu gehen haben, ist lang: Wie bekommen wir Zugang zu unserer Person, die uns selbst im Bereich der entfremdenden Arbeit unzugänglich bleibt? Wie entkommen wir den Zwängen des industriekapitalistischen Patriarchats? Wie lernen wir Fragen wie die folgenden zu stellen: „Was machst du mit deinem Geld, mußt du solch eine Arbeit annehmen, mußt du dir dies gefallen lassen, warum wehrst du dich nicht gegen deinen Chef, warum willigst du hier und darin ein,

[6] *Volker Elis Pilgrim*, ebd. 122.

warum hast du Schulden, warum entwickelst du nicht die Fähigkeiten, was machst du mit deinen Angestellten, deinen Schülern, wie verhältst du dich deinen Mitarbeitern gegenüber ...?"[7]

Solche Fragen sind nicht bequem, und manch einer wird in vorwegnehmender Resignation das Fragen einstellen wollen, weil er fürchtet, daß doch nichts zu ändern sei. Die Geschlechterrolle lasse sich nämlich vergleichsweise zur Berufsrolle einfacher verändern.

Werden also Männer und Frauen, denen an einer Neuformulierung der Geschlechterrollen liegt, weil sie Unterdrückung ebenso ablehnen wie eine ungerechte Verteilung der Lebenschancen, die daran gebunden ist, in der nächsten Zukunft ihren Weg allein gehen müssen? Wir können sagen: Solange ein Zusammengehen und Zusammenarbeiten die Entwicklung hindert, bleibt sie unerwünscht. Solange also Gemeinsamkeit zwischen den Geschlechtern nur die Unterdrückung aufrechterhält, muß sie vermieden werden. Bis dahin bleibt nur die Möglichkeit, daß beide auf Umwegen voneinander lernen. Die Männergruppen haben im übrigen von den Frauengruppen gelernt: Denn ohne die Frauengruppen wären sie bei uns nicht entstanden. Die Frauen können indirekt auch von der eigenständigen Entwicklung der Männer gewinnen, weil der veränderte Mann auch nicht mehr bereit ist, patriarchale Strukturen in Gesellschaft und Kirche fraglos fortzuerhalten. Zudem gehört es zu den Grundannahmen der Männerbewegung, daß eine vom Mann abhängige und beherrschte Frau dem Mann mehr schadet als nützt. Deshalb sind Männer, die mit ihrer eigenen Entwicklung vorankommen wollen, von sich aus an der weiteren Entwicklung jener Frauen interessiert, mit denen sie zusammenleben.

Freilich, die getrennte Entwicklung von Frauen und Männern, für die heute vieles spricht, ist zugleich auch fragwürdig. Ein historischer Vergleich mag dies verdeutlichen. Solange sich die Arbeiter in unterschiedlichen Gewerkschaften organisiert haben, waren sie gesellschaftlich bedeutungslos. Erst die Bildung der Einheitsgewerkschaften hat zu einer Verbesserung der sozialen Lage der Industrieproletarier geführt. Ich wünsche daher für mich, daß die Zeit der unverbundenen Selbstfindung von Frauen und Männern nicht allzulange währt. Ich habe die zuversichtliche Hoffnung, daß alle, denen an einer Überwindung der vielfältigen Unterdrückungen in unserer Gesellschaft und auch in unserer Kirche liegt, möglichst bald zusammenarbeiten. Vielleicht hat dann die Menschlichkeit in Gesellschaft und Kirche größere Chancen.

[7] Ebd. 118.

Gotthard Fuchs

„Das Fleisch ist der Angelpunkt des Heils"

Statt eines Nachworts

„Hanna hat sich vielleicht zuviel versprochen, die Männer betreffend, wobei ich glaube, daß sie die Männer liebt. Wenn Vorwurf, dann sind es Selbstvorwürfe; Hanna würde die Männer, wenn sie nochmals leben könnte und müßte, ganz anders lieben. Sie findet es natürlich, daß die Männer (sagt sie) borniert sind, und bereut nur ihre Dummheit, daß sie jeden von uns (ich weiß nicht, wie viele es gewesen sind) für eine Ausnahme hielt. Dabei ist Hanna, wie ich finde, alles andere als dumm. Sie findet es aber. Sie findet es dumm von einer Frau, daß sie vom Mann verstanden werden will; der Mann (sagt Hanna) will die Frau als Geheimnis, um von seinem eigenen Unverständnis begeistert und erregt zu sein. Der Mann hört nur sich selbst, laut Hanna, drum kann das Leben einer Frau, die vom Mann verstanden werden will, nicht anders als verpfuscht sein, laut Hanna. Der Mann sieht sich als Herr der Welt, die Frau nur als seinen Spiegel. Der Herr ist nicht gezwungen, die Sprache der Unterdrückung zu lernen: die Frau ist gezwungen, doch nützt es ihr nichts, die Sprache ihres Herrn zu lernen, im Gegenteil, sie lernt nur eine Sprache, die ihr immer Unrecht gibt. Hanna bereut, daß sie Dr. phil. geworden ist. Solange Gott ein Mann ist, nicht ein Paar, kann das Leben einer Frau, laut Hanna, nur so bleiben wie es heute ist, nämlich erbärmlich, die Frau als Proletarier der Schöpfung, wenn auch noch so elegant verkleidet ...[1] So schrieb der Mann Max Frisch im Jahre 1957 in einer Erzählung zur Signatur der Moderne mit dem bezeichnenden Titel „Homo faber", welch letzterer „selbstverständlich" auch ein Mann ist: der Homo socio-oeconomicus. Was Hanna von sich selbst sagt oder doch sagen möchte, wird nochmals, immerhin ansatzweise dialogisch, in der Sprache (und Wertung) des Mannes, des erzählenden und reflektierenden Ich, formuliert. Typisch?! Jedenfalls lassen sich seitdem in moderner Literatur immer mehr Texte finden, in denen Frauen von sich und für sich sprechen, in der aber auch Männer lernen, genauer reflektierend und konsequenter sprechend bei sich selbst zu bleiben und ihre eigene Erfahrungswelt zu

[1] Zit. nach der Ausgabe Bibliothek Suhrkamp, Frankfurt 1964, 171f.

erkunden. (Es ist deshalb ein schmerzliches Manko dieses Sammelbandes, daß er zum Männer-Bild in der modernen Literatur noch nichts beitragen kann.)

Immerhin: Wenn denn schon der Homo faber sein Frauenbild (und darin gespiegelt sich selbst) zur Sprache bringt, soll wenigstens eine Frau - stellvertretend für so viele - auch ihr Bild vom Mann (und von sich selbst) zitieren! „Die kleinen Jungs, habe ich gesagt. Was sie mit denen anstellen müssen, um sie hart zu kriegen. Dafür, hat die jüngere Tochter gesagt, rächten sie sich später, da sei sie ganz sicher. Wem man die Liebesfähigkeit austreibe, der müsse dann andere hindern zu lieben ... Kein Chirurg könnte in den Gehirnen der Männer, die sich die Verfahren zur friedlichen Nutzung der Kernenergie ausgedacht haben, zu jener Gruppe neuronaler Verbindungen vordringen, die keine Ruhe gab. Deren Dauererregung nur zu stillen war durch die Arbeit an ausgerechnet den Problemen, die das ungebändigte Atom seinen Bändigern stellte. Ohne dieses Ziel, vermute ich versuchsweise, hätten sie nichts mit sich anzufangen gewußt; hätten maßlos unter ihrer überentwickelten Gehirntätigkeit leiden müssen ..."[2] So heißt es in Christa Wolfs Erzählung „Störfall", ebenfalls eine Fabel der Moderne. Ist es doch der Tag von Tschernobyl, zugleich aber der Tag der Gehirnoperation des Bruders der Erzählerin: Störfall im Reaktor draußen und Störfall im Reaktor drinnen, und beides in einer von Männern dominierten Welt, so jedenfalls erlebt es die Erzählerin.

Solch kurze Zitate aus moderner Literatur sollen nur in Erinnerung rufen, was jedermann und jederfrau inzwischen bewußter geworden sein dürfte - sei es im Modus von Neugier, Interesse oder Betroffenheit, sei es in Ablehnung oder Zustimmung: Frauen haben sich in unserer Lebenswelt aufgemacht, ihre Identität und gesellschaftliche Rolle zu bestimmen. Wo aber sind die Männer, wo aber sind wir Männer, wo aber sind wir Kirchen-Männer? Zweifellos gibt es inzwischen auch im Selbstverständnis der Männer vielfältige Bewegung und Veränderung, trotzdem schiene es reichlich kühn, strukturanalog zur feministischen Bewegung, schon von einer Männerbewegung sprechen zu wollen - ein Tatbestand, der symptomatisch ist und der Analyse bedürfte. Leidensdruck jedenfalls gibt es facettenreich auch unter Männern, und die mutigsten unter ihnen stellen sich dieser Herausforderung, in Kleingruppen und in Einzelarbeit. Wo Fragen und Probleme lebensge-

[2] *Christa Wolf,* Störfall, Darmstadt - Neuwied 1987, 32.49.

schichtlich und gesellschaftlich freilich derart tief greifen und Veränderungen signalisieren, sind auch plakative und klischeehafte Deutemuster, Verhaltensweisen und Redeformen nicht fern. Um so wichtiger sind gründlich recherchierte Basisinformationen, sensibel differenzierende Analysen und Reflexionen, nicht zuletzt human- und sozialwissenschaftlicher Art.

Anstrengungen dieser Art stehen im Mittelpunkt dieses Bandes, der im wesentlichen Teile einer Tagung der Katholischen Akademie Rabanus Maurus dokumentiert. Fragen der philosophischen und theologischen Anthropologie, die natürlich im engsten Verbund damit stehen, sollen in einem zweiten Anlauf ins Zentrum gerückt werden. Von der Sache selbst und der Logik dieses Bandes her legt es sich freilich nahe, dazu in dieser kurzen Skizze, ohne jeden Anspruch auf Vollständigkeit und Originalität, einige Eckdaten und Perspektiven zu formulieren. Dabei kann keinen Augenblick vergessen werden, wie sehr gerade das Christentum – faktisch befreiend, erlösend und behindernd zugleich – die uns geläufige patriarchalische Lebenswelt mitgeprägt hat und von dieser in seiner bisherigen Erscheinungsform geprägt wurde. Die folgenden Anmerkungen, die bei Gelegenheit konsistent und systematisch entfaltet werden sollen, sind dabei, wie ersichtlich, aus der Sicht katholischer Theologie und aus der Perspektive katholischer Kirchenerfahrung formuliert. Nichts scheint, gerade bei diesem Thema, derart dringlich und doch selten wie die Aufgabe, Ich zu sagen: Keinen Augenblick sei deshalb vergessen, daß die folgenden Bemerkungen von mir als Mann, als Kirchen-Mann, als Priester formuliert sind. Die Männerfrage will, gerade auch theologisch und kirchlich, im Medium der jeweils eigenen Geschichte buchstabiert sein. Allzu lange haben wir Männer zumal als Theologen, nur „über“ Männer (und Frauen!) geredet und geschrieben, gewiß im Bemühen, ausschließlich „der Sache selbst“ zu dienen, aber faktisch auch mit der Verdrängungstendenz, sich verbergen und behaupten zu können, und die Anstrengung, Ich zu sagen und als Mann auch geistlich erwachsen zu werden, weiterhin zu scheuen. Das Genus der religiösen Autobiographie sollte in diesem themen- (und geschlechtszentrierten) Sinne durchaus wieder entdeckt und gewagt werden (und auch diesbezüglich haben wir Männer von Frauen viel zu lernen). Im Folgenden freilich kann es nur darum gehen, in äußerster Kürze einige Aspekte der ganzen Problemlage zu erinnern (1). Im Anschluß daran werden Grunddaten theologischer Anthropologie zusammengestellt (2), um daraus schließlich einige konkretisierende Folgerungen zu ziehen (3). Wünschenswert wäre für ein geplantes zweites Projekt, die in diesem Band vorgelegten Einzelstudien sozialwissenschaftlicher Art durch kulturhistorische sowie theologie- und frömmigkeitsgeschichtliche anzureichern und zu einer systematisch aufbauenden Gesamtstudie auszuarbeiten.

1. Betrachtet man die Kirche sozialwissenschaftlich, als spezifisches Subsystem der Gesellschaft, so muß – in Korrespondenz zu dem allseitigen Bemühen um Veränderung patriarchalischer Verhaltensmuster – der Satz von Kardinal König unmittelbar einleuchten: „Nicht die Kirche, sondern die Männer in der Kirche müssen sich ändern."[3] Und diese Veränderung, die dann auch die Sozialgestalt der Kirche im ganzen betrifft, ist in vollem Gange. „Die Frauen verlangen für sich die rechtliche und faktische Gleichstellung mit den Männern, wo sie diese noch nicht erreicht haben." Mit solchen Worten plädierte das Zweite Vatikanische Konzil, immerhin ausschließlich von Männern gebildet, gegen „jede Form einer Diskriminierung in den gesellschaftlichen und kulturellen Grundrechten der Person" und für die „grundlegende Gleichheit aller Menschen".[4] Schon zuvor hatte Papst Johannes XXIII. in seiner letzten Enzyklika „Pacem in terris" neben der Arbeiterfrage und den Problemen der Entwicklung der Völker als drittes Zeichen und Problem der Zeit formuliert, daß die Frau sich ihrer Menschenwürde immer mehr bewußt werde und teilnehme am öffentlichen Leben. Daß die Realisierung solcher Perspektiven Konsequenzen für Selbstverständnis und Rolle auch der Männer habe, wurde (noch) nicht eigens thematisiert. Immerhin nimmt seitdem der Problem- und Leidensdruck auch in der Kirche immer mehr zu – sowohl bei Frauen wie auch bei Männern (und Kindern). Vor diesem Hintergrund fällt freilich um so mehr auf, etwa in der Sprache der Theologie und der Kirche, wie sehr die jeweils geschlechtliche Prägung und Perspektive aller Beteiligten bei der Diskussion theologischer und geistlicher Sachverhalte noch ausgeblendet bleibt – tendenziell so, als wäre die geschlechtliche Bestimmung des Menschen eher ein akzidentelles Attribut, von dem man ungestraft auch absehen könne. Theologie und Kirche sind, von hierher betrachtet, eigentümlich subjekt- und geschlechtslos. Dies hängt, wie zu zeigen sein wird, zweifellos mit einer zentralen Einsicht christlichen Glaubens zusammen, daß nämlich der Mensch als Mann und Frau sehr viel mehr ist als ein Geschlecht. Freilich ergibt sich dar-

[3] *Kardinal Franz König,* Frau und Kirche, in: Stimmen der Zeit 112 (1987) 507–515, 508.
[4] Gaudium et Spes Nr. 9 und 29.

aus schnell eine Art theologischer und ekklesialer Idealismus, dem zufolge die abstrahierende Rede von *dem* Menschen spirituell, theologisch und kirchenpraktisch schon genügen könnte. Genau dies aber wird von immer mehr Glaubenden beiderlei Geschlechts und verschiedenen Alters als ausgesprochen unbefriedigend empfunden. Denn dadurch können faktische Unterdrückungs- und Abhängigkeitsverhältnisse ideologisierend überspielt oder gar religiös legitimiert werden. Im Schlagwort etwa von der „Männerkirche" (die faktisch freilich viel mehr von Frauen bevölkert und gestaltet wird) kommt dies polemisch zum Ausdruck, und man(n) sollte dies auch in Theologie und Kirche zumindest heuristisch ernst nehmen. Auch der vielfach konstatierte und zahlenmäßig belegbare Auszug der Frauen aus der Kirche, in deren Leben die Männer faktisch ohnehin eine freilich be-herr-schende und leitende Minderheit sind, ist ein Indiz für die angedeuteten Fragen. Daß damit signifikante Männerprobleme wiederum dialektisch verbunden sind, wäre im einzelnen aufzuweisen: z. B. (Selbst-)Überforderungstendenzen, emotionale wie kommunikative Verkümmerung, spezifisches Abwehrverhalten. Bei solch einer Bestandsaufnahme, die in den Beiträgen dieses Bandes vielfältig veranschaulicht wird, darf der Hinweis auf Aspekte der Sexualmoral und der Beziehungsethik ebensowenig fehlen wie das Problem einer männlich geprägten Sprache. Um so wichtiger ist die Erinnerung an einige Eckdaten theologischer Anthropologie, um einen Orientierungsrahmen zur Beurteilung und Bewältigung konkreter Aufgaben und Probleme abzustecken.[5]

2. Mann und Frau sind, gemäß christlicher Überzeugung, Geschöpf und Ebenbild Gottes. Gerade in ihrer Verschiedenheit voneinander und ihrer Bezogenheit aufeinander sind sie von gleicher Würde, gleichem Recht und gleicher Kompetenz. Frau und Mann sind, obwohl durch und durch leiblich und geschlechtlich bestimmt, doch mehr als ihr Geschlecht – zumal wenn man dieses im engen generativen Sinn versteht. Sie verdanken nämlich ihr Dasein und Sosein dem Wirken jenes Gottes, der – Ursprung und Ziel aller Leiblichkeit – selbst nicht sexuell geprägt ist. Wo in Fruchtbarkeitsreligionen alter und neuer Prägung Gott selbst geschlechtlich vorgestellt wird oder zur divinisierten Sexualität selbst wird, besteht der christliche Glaube auf der Geschichts- und

[5] Es versteht sich von selbst, daß ich in diesem kurzen Beitrag auf ausführliche Anmerkungen verzichte. Zur Orientierung seien immerhin genannt: *Otto Hermann Pesch*, Frei sein aus Gnade. Theologische Anthropologie, Freiburg 1983; *Wolfhart Pannenberg*, Anthropologie in theologischer Perspektive, Göttingen 1983.

Geschlechtstranszendenz dessen, den er als den einzig wahren Gott in der Geschichte erkennt und anerkennt. Erst aufgrund dieses wohltuenden Unterschiedes zwischen Gott und Mensch kommt diesem jener Selbstand, jene Besonderheit, jene Personalität zu, die ihn als spezifisch beziehungsfähig und -bedürftig qualifizieren. Gemäß der Logik christlichen Gottesglaubens wäre der Mensch zu klein gedacht, wollte man nur sagen, er habe einen Leib. Vielmehr gilt der Satz Oetingers: „Leiblichkeit ist das Ende aller Werke Gottes." Der Mensch als Mann und Frau ist Leib, und dieser Leib ist geschlechtlich (und sterblich) geprägt. Daß freilich der Mensch erst Mensch ist (und wird), indem er zu sich selbst (zu seinem Leib und zu Mitmensch, Mitkreatur und Welt) ein Verhältnis gewinnt, gehört zum Grundbestand schon philosophischer Anthropologie, insofern sie den Menschen als Leib-Seele-(Geist-) Einheit bestimmt. Aus christlicher Sicht kommt wesentlich hinzu, daß Menschwerdung und Menschsein sich bleibend einem besonderen Gottesverhältnis verdanken und aus diesem erst ihr spezifisches Gewicht bekommen.

Wie sehr die Leiblichkeit des Menschen (und damit auch seine sexuelle Prägung) im christlichen Glaubensverständnis zentral ist, zeigt das Bekenntnis zur In-Karnation, zur Menschwerdung Gottes in Jesus Christus ebenso wie das zur Auferstehung des Fleisches. Gegen alle dualistischen Konzepte von Menschsein besteht der christliche Glaube auf dem Grund-Satz: „Caro cardo salutis" (Tertullian); „das Fleisch ist der Angelpunkt des Heils".[6] In diesem Zusammenhang ist auch der folgenschwere (und theologisch bisher zuwenig entfaltete) Sachverhalt zu bedenken, daß im Mittelpunkt christlichen Glaubens Jesus, der Mann, steht. Gott ist nicht in abstracto Mensch geworden. Er ist dieser – männlich bestimmte – Mensch geworden. Dies auszublenden und zu verdrängen wäre ebenso problematisch, wie daraus androzentrische oder patriarchalische Prinzipien und Schlußfolgerungen ziehen zu wollen. Eine entsprechende theologische Anthropologie wird sich gleichermaßen vor einer sexistischen Fixierung zu hüten haben wie vor einem gleichsam exkarnatorisch sublimierenden Idealismus. Die Lebenspraxis des Mannes aus Nazaret selbst ist, zumal im Kontext seiner patriarchalisch geprägten Umwelt und Mitwelt, hier der theologisch beste Wegweiser. Sie öffnet nämlich allererst wieder Beziehungs- und Begegnungsräume, in denen konkret erfahrbar wird, daß Mann und Frau vor Gott gleichen Rechts und gleicher Würde sind. Männlichkeit

[6] *Tertullian,* Über die Auferstehung der Toten 8,2.

gewinnt im Verhalten Jesu ein besonderes Profil, und entsprechend trägt der, den er Vater nennt, zugleich mütterliche Züge. Nicht eine geschlechtslos neutralisierende Perspektive des Menschseins in abstracto wird hier eröffnet. Vielmehr geht es um die Einlösung der Wahrheit des Schöpfungsglaubens, daß Gott den Menschen eben als Mann und Frau will. In diesem Sinn ist der erlöste Umgang des Mannes mit sich, der Frau mit sich und beider miteinander - in der christlichen Gemeinde und nicht nur in ihr - zu verstehen und zu realisieren. „Es gibt nicht mehr Juden und Griechen, nicht Sklaven und Freie, nicht Mann und Frau; denn ihr alle seid ‚einer' in Christus" (Gal 3,28). Die entsprechenden Gemeinderegeln und Verhaltensordnungen mahnen deshalb nicht zufällig den Mann, sich der Frau gegenüber zu verhalten wie Christus. Die Spannungseinheit von „Zärtlichkeit und Kraft", als die Jesus Mannsein realisierte, ist normativ - und nicht zufällig wird die Einheit von Gottes- und Nächstenliebe zum Maßstab auch für den Umgang mit anderen und mit sich selbst.

Die maßgebenden Überlieferungen von Schöpfung und Erlösung, die bisher erinnert wurden, lassen freilich keinen Zweifel daran, daß Männer und Frauen in der realen Geschichte immer schon in Abhängigkeits- und Unterdrückungsverhältnissen stehen, derentwegen von Sünde, von Gottlosigkeit und Glaubensabfall gesprochen wird. Sowohl das Verhalten Jesu selbst wie das österliche Bekenntnis zu ihm als dem Gottessohn und Gottesmann gewinnen ihren konflikthaltigen, ihren befeienden und fordernden Charakter erst im Kontext der faktisch eben nicht erlösten (Geschlechter-) Geschichte. Es gehört ins Zentrum der alten Schöpfungsgeschichte um Adam und Eva, daß die Herrschaft des Mannes über die Frau Folge der Sünde sei, und gerade nicht gottgewollt und beziehungsgemäß. Und entsprechend - um zahlreiche Zwischenstationen der Überlieferung zu überspringen - muß sich der neue Mann Jesus, der neue Adam, gerade der Unterdrückten und Armen, und unter ihnen gerade der Frauen, annehmen, um an Gottes Ordnung von der Gleichberechtigung der unterschiedenen Geschlechter handelnd zu erinnern und diese neu zur Geltung zu bringen. Seitdem ist die christliche Glaubensgeschichte - auch! - von dem Wissen darum geprägt, wie gefährdet Leiblichkeit und Geschlechtlichkeit faktisch sind, wie abgründig sie zum Mittel der Bevormundung, der Unterdrückung und Erniedrigung gebraucht werden (können). Auch unter diesem Aspekt sind die christliche Theorie und Praxis der Evangelischen Räte zu bedenken: das Gelübde der Armut, des Gehorsams und der Ehelosigkeit um des Evangeliums willen ist - auch - ein geistlicher

Protest gegen vorherrschende Unterdrückungsverhältnisse. Wer aus Gründen des Glaubens religiösen Gehorsam verspricht, realisiert tendenziell ein Miteinander jenseits von Macht und Ohnmacht; wer auf Besitz um des Evangeliums willen verzichtet, dokumentiert, daß im Sinne Jesu nicht Haben, sondern So-Sein das Wahre ist; wer schließlich auf sexuelle Selbstverwirklichung um des Evangeliums willen verzichtet, erinnert an die abgründige Gefahr der Divinisierung oder Dämonisierung der Sexualität sowie an die Möglichkeit böser Machtspiele zwischen den Geschlechtern.

3. Daß die genannten Leitperspektiven und Orientierungspunkte theologischer Anthropologie (und Andrologie) sich ihrerseits erst in einem geschichtlichen Prozeß herauskristallisiert und durchgesetzt haben, ist nunmehr ebenso zu berücksichtigen wie der unleugbare Tatbestand, daß die Christentumsgeschichte faktisch oft hinter der Wahrheit des Glaubens zurückgeblieben ist. Es wäre aber nicht nur theologisch falsch, sondern historisch ungerecht (ja unhistorisch gedacht), deshalb die Diagnose auf eine völlige Verfallsgeschichte des Christlichen zu stellen – so als wäre im Ursprung alles vollkommen eindeutig und gut, und seitdem nähme die Verfallsgeschwindigkeit zu. Sowenig Anlaß zu einer triumphalistischen Deutung der Kirchen- und Christentumsgeschichte ist, so billig und falsch wäre es, z. B. ausschließlich von einer patriarchalischen Geschichte der Frauen- und Männerunterdrückung zu sprechen.

Unter diesem dritten Punkt „Konkretisierende Folgerungen" ist deshalb wenigstens plakativ auch an die emanzipatorischen und erlösenden Beiträge des Christentums und der Kirche zu erinnern. Zwar muß eine genaue Geschichte des abendländischen Männerbildes allererst geschrieben werden; mit Gründen aber läßt sich schon zuvor die These vertreten, daß die Orientierung am Gott-Menschen, am Mann Jesus Christus, vielfältige Verhaltens- und Einstellungsänderungen im Geschlechterverhalten faktisch und normativ mit sich gebracht hat. Erinnert sei nur an die Insistenz der mittelalterlichen Kirche, daß Ehe ein Konsensualvertrag zwischen Gleichberechtigten sei. Erinnert sei an monastische und mystische Bewegungen und Initiativen, in denen Männer neue Weisen der Weltgestaltung, des Umgangs miteinander erprobt und realisiert haben. Es ist z. B. kein Zufall, daß ein Theologe und Prediger wie Meister Eckhart wie selbstverständlich davon ausgeht, daß jeder Mensch, auch der Mann, vor Gott reineweg „empfänglich", „weiblich" sei – und die heutzutage viel bemühte und nicht unproblematische, weil klischeebildende Lehre von Animus und Anima hat eine breite christliche und kirchliche Resonanz und Akzeptanz, bei Origenes angefangen. Ähnlich müßte über die in aller Ambivalenz doch äußerst emanzipative Wirkung des Glaubens an den väterlichen Gott in der „Mutter Kirche" im Detail gesprochen werden – bis hin zur beichtväterlichen Kultur der Seelenführung. Natürlich lassen sich, notwendig im Sinne gemeinsamer Trauerarbeit, „Gegenrechnungen" frauenfeindlicher und männerbornierter Art bis heute aufmachen. Gewiß muß die Geschichte (kirchen-)männlicher Frauenangst zwischen (marianisch gestimmter) Divinisierung und Dämonisierung im Detail noch geschrieben werden. Daß das Thema (männlicher) Macht (und Ohnmacht) bis heute in Theologie und Kirche eigentümlich abstrakt nur behandelt wird, muß zu denken (und zu fühlen) geben. Hier kann es nur darum gehen, in ehrlicher Betroffenheit, ohne Beschönigung und Verketzerung dafür zu plädieren, dem Reichtum des Christlichen hinsichtlich Männer- und Frauenbefreiung ebenso gerecht zu werden wie die Augen vor Fehlhaltungen nicht zu verschließen. Gerade im Sinne der Psycho- und Sozialhistorie sind hier viele Schätze allererst zu heben (und es ist eine schmerzliche Grenze dieses Buches, daß es auf diese Aspekte ausführlich nicht zu sprechen kommt).

„Man kann nicht Gott zum Vater haben, ohne die Kirche zur Mutter zu haben. Aus ihrem Schoß sind wir geboren, von ihrer Milch werden wir genährt, durch ihren Geist werden wir beseelt."[7] Liest man die Sätze des altkirchlichen Bischofs Cyprian mit ihrem ganzen archetypischen Schwergewicht und mit dem Interesse an einer Psychologie und Theologie der Glaubensreifung, dann sprechen sie – ganz in Analogie zur Ausbildung des menschlichen Selbst und seiner Identität – eine fundamentale Wahrheit jedenfalls für Christen an. Was hieße dann – als Mann und Frau – im Glauben wachsen und aus den frühkindlichen Bindungen an Vater und Mutter heraustreten, um mündig und erwachsen zu werden? Es könnte sein, daß die gegenwärtige Situation in Theologie und Kirche von einer Art „Abnabelungsprozeß" der kleinen „Gottes-Kinder" bestimmt ist. Diese wollen auf dem von Cyprian gezeichneten Weg weiterkommen und sich in Kirche und Gesellschaft als Mann und Frau neu bestimmen – ganz im Sinne Jesu, ganz im Sinne der Botschaft von der wirklichen Gleichberechtigung der Geschlechter in Unterschiedenheit und Beziehung. Was aber bedeutet dies z. B. für

[7] *Cyprian von Karthago,* Über die Einheit der Kirche 5,6.

Männer, wenn Frauen immer nachdrücklicher Teilhabe am kirchlichen Amt beanspruchen – durchaus in Anknüpfung an gute kirchliche Tradition (etwa hinsichtlich des Diakoninnenamtes)? Welche Ängste werden bei solchen Einstellungsänderungen freigesetzt? Wie geht eine Glaubensgemeinschaft damit um – weltkirchlich und ortskirchlich? Was ist im konziliaren Sinne der Mündigkeit, um bei Cyprians Bild zu bleiben, an der Gestaltung des Gottesdienstes zu ändern, damit Frauen und Männer gleichermaßen, in einer nicht mehr männerzentrierten Sprache, zu Wort kommen? Wie wird ein entsprechendes Bild vom neuen Kirchen-Mann und Gottes-Mann aussehen? Wie läßt sich im Raum der Kirche die Kunst, zu lieben und sich lieben zu lassen, noch besser so realisieren, daß sie dem Geist Jesu entspricht?

Die Beantwortung solcher Fragen ist natürlich nicht nur für den Binnenraum von Kirche relevant. In einer Gesellschaft, in der Männer- und Frauenrollen vielfältig in die Spiele der Macht und der Not geraten sind, kommt es u. a. gerade auf die Glaubwürdigkeit und Vitalität der Kirche an, ihren Erfahrungsreichtum, ihre Hoffnungsressourcen und daraus resultierende Alternativen einzubringen. In einer Lebenswelt, in der vielfach Leib und Sexualität hedonistisch vermarktet, dämonisiert und divinisiert werden, sollte gerade die christliche Perspektive einen humanen Mehrwert eröffnen, der auf wirkliche Geschwisterlichkeit zielt. Dies freilich fordert, darum geht es in diesem Buch, gerade von (uns) Männern den Mut, uns mit unserer eigenen Geschichte, mit unseren eigenen Ängsten, Gelüsten und Hoffnungen so zu befreunden, daß Wandlungen möglich werden im Umgang mit uns selbst, mit anderen Männern, mit Frauen. Solche Wandlungsarbeit betrifft, im dialektischen Ineinander, psychische und gesellschaftliche, lebensweltliche und soziopolitische Strukturen – auch religiöse und kirchliche.

Wie sehr dabei an die Leiden und Hoffnungen früherer Generationen anzuknüpfen ist, mag abschließend der Klageruf einer Frau des 16. Jahrhunderts veranschaulichen – ein Text, der damals von der Inquisition ausgemerzt werden sollte. Teresa von Avila, die sich hier bei Christus, ihrem König, über die Inquisitoren-Männer beklagt, wußte viel von der Liebe, auch zwischen den Geschlechtern. Sie hat unter vielen Männern, zumal unter Beichtvätern, sehr gelitten; sie wußte zugleich, was sie manchen ihrer Freunde verdankte. Nicht zufällig ist sie in diesem Jahrhundert kirchlicherseits auch formell in ihr weibliches Lehramt eingesetzt worden. Freilich darf sie für uns Kirchen-Männer nicht zum Alibi werden, und der dankbare Blick auf Frauen (und Männer) wie sie kann nicht von der mühseligen Wandlungsarbeit hier und jetzt entbinden für eine geschwisterliche Kirche und Welt. Ob denn jene Zeit christusgemäßer Gleichberechtigung, auf die Teresa damals klagend hoffte, heute schon realisiert ist?

„Als du auf der Welt warst, bist du, weit davon entfernt, die Frauen zu verachten, ihnen mit großem Wohlwollen begegnet. Du hast bei ihnen größere Liebe und mehr Glauben gefunden als bei Männern: denn unter ihnen befand sich deine allerheiligste Mutter, deren Verdienste uns Frauen angerechnet werden ... Ist es nicht genug, Herr, daß die Welt uns hier eingeschlossen hält? Ist es denn so bestellt, daß wir (Frauen) in der Öffentlichkeit für dich nichts tun können, was der Mühe wert ist? Und sollten wir nicht auch einige Wahrheiten aussprechen dürfen, die wir im stillen bedauern? Solltest du eine so gerechte Bitte nicht erhören? Ich kann es nicht glauben, Herr, wegen deiner Güte und Gerechtigkeit, denn du bist ein gerechter Richter und nicht wie die Richter dieser Welt, denen – als echten Kindern Adams und dazu noch Männern – jede Tugend einer Frau verdächtig erscheint. Ich spreche nicht für mich selbst, denn die Menschen kennen inzwischen meine Verdorbenheit, und ich bin froh darüber. Aber wenn ich unsere Welt von heute sehe, dann finde ich es nicht gerecht, daß Menschen mit einem tugendhaften und starken Gemüt verachtet werden, einzig und allein weil sie Frauen sind.“[8]

[8] *Teresa von Avila,* Weg der Vollkommenheit (ms. Escorial) IV, 1, zit. nach O. Steggink, Teresa von Jesus: das mystische Lehramt der Frau, in: Ausstellungskatalog 1982, München 1982, 13.

Autorinnen und Autoren

Siegfried Rudolf Dunde, Dr. phil. (Soziologie), Diplom-Theologe, Diplom-Psychologe, geboren 1953, arbeitete als Lehrer, Schulpsychologe, in Bundesbehörden; kommunikationspsychologische und therapeutische Ausbildungen; beschäftigt sich mit Themen des Geschlechterverhältnisses, der Sexualität, religiöser Erfahrungen, Identitätsbildung und AIDS.

Veröffentlichungen: Katholisch und rebellisch (Hrsg.), 1984; Auf dem Weg zum Ich, 1984; Nutze Deine Zeit, 1985; Rosarot und rabenschwarz, 1985; Neue Väterlichkeit (Hrsg.), 1986; Vater im Himmel – seine Söhne auf Erden. Männer und Religion (Hrsg.), 1986; Neue Spiritualität, 1986; Aids. Was eine Krankheit verändert (Hrsg.), 1986; Geschlechterneid – Geschlechterfreundschaft (Hrsg.), 1987; Wenn ich nicht lieben darf, dürfen's andere auch nicht. Vom Umgang der Männer mit sich und anderen (Hrsg.), 1987; Positiv weiterleben. Seelische Selbsthilfe bei HIV-Infektion, 1988.

Gotthard Fuchs, geboren 1938 in Halle an der Saale, hat in Freiburg i. Br., Göttingen, Paderborn und Freiburg/Schweiz Theologie, Philosophie und Pädagogik studiert. 1963 wurde er in Paderborn zum Priester geweiht. Es folgte eine langjährige Tätigkeit in Seelsorge und Beratung und als Assistent an den theologischen Fakultäten in Münster und Bamberg. Seit 1983 ist er Direktor der Katholischen Akademie Rabanus Maurus in Wiesbaden-Naurod.

Er hat zahlreiche Arbeiten in Fachzeitschriften veröffentlicht und zuletzt zwei Bände herausgegeben: Glaube als Widerstandskraft (1986); Zeitgewinn. Messianisches Denken nach Franz Rosenzweig (zusammen mit H. H. Henrix, 1987).

P. *Sigfrid Klöckner* ofm, Dr. theol., geboren 1929, Abitur 1949 und Eintritt in den Franziskanerorden, 1955 Priesterweihe, 1961 Promotion zum Dr. theol., 1961–1970 Dozent für Moraltheologie, 1970–1979 Provinzial der Fuldaer Ordensprovinz, seit 1979 Rektor des Exerzitienhauses St. Josef, Hofheim/Ts., seit 1980 Leiter der Kirchlichen

Arbeitsstelle für Männerseelsorge und Männerarbeit in den deutschen Diözesen e.V., Fulda. Die Kirchliche Arbeitsstelle befaßt sich mit allen pastoralen Fragen, die Männerarbeit betreffen. Sie handelt im Auftrag der Bischofskonferenz und steht im Kontakt zu Diözesen und Verbänden.

Brigitta Kreß, geboren 1952 in Berlin, Studium der Sozialpädagogik und Soziologie in Heidelberg und Frankfurt a. M. Nach dem Diplom in Soziologie 1978 arbeitet sie als freie Publizistin und Rundfunkautorin in Frankfurt a. M. Themenschwerpunkte sind: Wandel der Familienformen, Familienberatung, Soziologie des Alters und Sozialisation des Mannes.

Wichtigste Veröffentlichungen u. a.: Der neue Mann. Männliche Selbsterfüllung als Überlebenschance, 1983; Zeugungsangst und Zeugungslust. Gespräche mit Männern über Fruchtbarkeit und Vaterschaft (mit Bärbel Döhring), 1986.

Sigrid Metz-Göckel, Prof. Dr. phil., Studium der Volkswirtschaftslehre, Soziologie, Psychologie in Mainz, Frankfurt und Gießen. Nach dem Soziologiediplom in Frankfurt und einer kurzen außerhochschulischen Tätigkeit Assistentin und Dozentin an der Universität Gießen. 1976 Ruf an die Hochschule in Dortmund. Aufbaubeauftragte und Leiterin des Hochschuldidaktischen Zentrums mit inzwischen 15–20 Mitarbeiter/innen. Seit Beginn der siebziger Jahre in der Frauenbewegung engagiert und Mitinitiatorin zahlreicher Projekte der Frauenforschung und Frauenstudien, z. B. der Feministischen Studien, des Vereins Sozialwissenschaftliche Forschung und Praxis für Frauen u. a. m.

Veröffentlichungen zur Hochschul- und Arbeitsmarktentwicklung, Hochschuldidaktik, Frauenforschung und zum Verhältnis der Geschlechter. Seit einigen Jahren liegen Schwerpunkte in der Erforschung der Technik- und Naturwissenschaftspotentiale und der Alltagskultur von Frauen. Seit 1988 Mitglied als Sachverständige in der Bundestagsenquête-Kommission: Zukünftige Bildungspolitik – Bildung 2000.

Wolfgang Prenzel, Jahrgang 1955, Studium der ev. Theologie, Soziologie und Betriebswirtschaft in Münster, Basel und Berlin. Tätigkeit als Religionslehrer sowie als wissenschaftlicher Mitarbeiter der Forschungsstelle Sozialökonomik der Arbeit an der FU Berlin und der Arbeitszeitberatung Dr. Hoff und Partner in Berlin. Schwerpunktmäßig Beschäftigung mit Fragen der betrieblichen und allgemeinen Sozialpolitik und Arbeitszeitgestaltung; Umfrageforschung. Während des Forschungsprojekts über „eingeschränkte Erwerbsarbeit von Männern“ fielen wissenschaftliche Arbeit und Alltagsleben zusammen: Ich war teilzeitbeschäftigt (wie meine Frau) und konnte erproben, wie sich eine gerechte Verteilung der Haushalts-, Familien- und Erwerbsarbeit organisieren läßt – genau das war die Situation der von uns befragten Männer!

Bernhard Strauß, Dr. phil., Dipl.-Psych., klinischer Psychologe, seit zwei Jahren wissenschaflicher Mitarbeiter an der Abteilung für Psychotherapie und Psychosomatik der Univeritätsklinik in Kiel; davor an der Abteilung für Sexualforschung der Universitäts-Nervenklinik Hamburg. Neben psychotherapeutischer Tätigkeit wissenschaftliche Arbeiten auf den Gebieten Forschungsmethoden, psychosomatische Medizin und Medizinpsychologie, Sexualwissenschaften, Psychoendokrinologie und Psychotherapieforschung.

Buchveröffentlichungen: (mit H. Appelt) Ergebnisse einzelfallstatistischer Analysen in Psychosomatik und klinischer Psychologie, 1984; Einzelfallstatistische Analysen täglicher Selbstbeurteilungen, 1986; (mit E. Barth) Männer und Verhütung, 1986; (mit H. Appelt) Psychoendokrinologische Gynäkologie, 1988; (mit H. Speidel) Zukunftsaufgaben der psychosomatischen Medizin, 1988; daneben zahlreiche Veröffentlichungen zu den oben genannten Themen in Zeitschriften.

Wilfried Wieck, Dr. rer. pol., Dr. phil; Studium der Mathematik und Physik mit dem Abschluß des Staatsexamens. Assistent und Assistenzprofessor am Lehrstuhl für Betriebswirtschaftslehre der Freien Universität Berlin, Abschluß dieser Tätigkeit mit der Promotion zum Dr. rer. pol. Teilnahme an der Studentenbewegung, insbesondere Kinderladenarbeit. Langjährige Mitarbeit in psychotherapeutischen Großgruppen. Gemeinsam mit Irmgard Hülsmann Promotion zum Dr. phil. im Fach Psychologie. Seit 1980 mit Irmgard Hülsmann feministische Psychotherapie in eigener freier Praxis in Berlin.

Veröffentlichung: Männer lassen lieben, 1987.

Paul M. Zulehner, geboren 1939, Dr. phil., Dr. theol., Professor für Pastoraltheologie in Wien.

Veröffentlichungen u. a.: Heirat – Geburt – Tod. Eine Pastoral zu den Lebenswenden, 1976; Helft den Menschen leben. Für ein neues

Klima in der Pastoral, 1978; Leutereligion. Eine neue Gestalt des Christentums auf dem Weg durch die 80er Jahre?, 1982; Scheidung, was dann ...? Fragment einer katholischen Geschiedenenpastoral, 1982; Priestermangel praktisch. Von der versorgten zur sorgenden Pfarrgemeinde, 1983; „Denn du kommst unserem Tun mit deiner Gnade zuvor ...". Zur Theologie der Seelsorge heute. Paul M. Zulehner im Gespräch mit Karl Rahner, 1984; Das Gottesgerücht, 1987.

MÄNNER

Auf der Suche
nach einer neuen Identität

Herausgegeben von Gotthard Fuchs
Mit Beiträgen von
Siegfried Rudolf Dunde, Gotthard Fuchs,
Sigfrid Klöckner, Brigitta Kreß,
Sigrid Metz-Göckel, Wolfgang Prenzel,
Bernhard Strauß, Wilfried Wieck
und Paul M. Zulehner

Patmos Verlag
Düsseldorf

CIP-Titelaufnahme der Deutschen Bibliothek

Männer: auf d. Suche nach e. neuen Identität /
hrsg. von Gotthard Fuchs. Mit Beitr. von Siegfried Rudolf Dunde ... –
1. Aufl. – Düsseldorf: Patmos Verl., 1988
ISBN 3-491-77701-1
NE: Fuchs, Gotthar[redacted]ed Rudolf [Mitverf.]

1. Auflage 1988
Umschlaggestaltung: Thomas Brink
Gesamtherstellung: Boss-Druck, Kleve
3-491-77701-1